바쁠수록
생각하라

바쁠수록
생각하라

경영학 박사가 철학책에서 훔쳐낸 인생의 기술

이호건 지음

아템포

차례

저자 서문 생각하는 대로 살지 않으면, 사는 대로 생각하게 된다 : 009

01 … 세계는 그대가 원하는 대로 세상에 머물러 있다 _마르틴 부버 : 017

02 … 무無는 존재의 고유한 가능성이며, 또 존재의 유일한 가능성이다
　　　_장 폴 사르트르 : 025

03 … 우리는 어떤 길이 좋은지 나쁜지 생각하지 않는다. 우리는 그저 그 길에 난 발자국이 얼마나 많은지에만 매달린다. 그런데 돌아오는 사람의 발자국은 하나도 없다 _루키우스 세네카 : 031

04 … 나는 반항한다. 그러므로 우리는 존재한다 _알베르 카뮈 : 037

05 … 설탕이 물에 녹기를 기다려야 설탕물을 얻을 수 있다
　　　_앙리 베르그송 : 043

06 … 신념은 거짓말보다 더 위험한 진리의 적이다 _프리드리히 니체 : 051

07 … 타인에 대한 배려가 자신에 대한 배려에 우선하도록 해서는 안 된다. 자신에 대한 배려가 도덕적으로 우선하는 것이다 _미셸 푸코 : 057

08 … 무소의 뿔처럼 혼자서 가라 _고타마 싯다르타 : 065

09 … 새는 알에서 나오려고 투쟁한다 _헤르만 헤세 : 073

10 … 모든 심오한 존재는 가면 쓰기를 즐긴다 _프리드리히 니체 : 081

The Art of Living

11... 자신을 아는 것이 신을 아는 것이다 _쇠렌 키르케고르 : 089

12... 어른이 된다는 것은 냉담한 인물들, 속물들이 지배하는 세계에서 우리 자리를 차지한다는 의미이다 _알랭 드 보통 : 095

13... 고통만이 인간을 성숙시킨다 _프리드리히 니체 : 103

14... 절망은 죽음에 이르는 병이다 _쇠렌 키르케고르 : 111

15... 고난도 가치다 _니콜라이 하르트만 : 117

16... 회피하는 한 두려움은 영원하다. 기다리는 한 기회는 달아난다
 _월하月下 김달진 : 123

17... 죽음을 향해 미리 달려가 보는 것은 죽음을 넘어설 수 없다는 사실을 은폐하는 것이 아니라, 오히려 죽음으로부터 자유로워지는 것이다
 _마르틴 하이데거 : 129

18... 기다림은 존재의 고갈이며, 존재의 경화硬化이다 _장석주 : 137

19... 행복은 힘들 뿐만 아니라 드물다 _바뤼흐 스피노자 : 145

20... 현명한 사람은 자족自足할 것이다 _루키우스 세네카 : 151

21... 만약 나의 소유가 곧 나의 존재라면, 나의 소유를 잃을 경우 나는 어떤 존재인가 _에리히 프롬 : 157

22... 비관주의는 기분의 산물이고 낙관주의는 의지의 산물이다
 _알랭 : 165

23… 화폐는 불가능한 일들을 친숙한 일들로 만들며, 자신과 모순되는 것들에게 자신과 입 맞추도록 강요한다 _**카를 마르크스 : 171**

24… 역사는 두 번 반복된다. 처음에는 비극으로, 두 번째는 희극으로
　　　_**카를 마르크스 : 179**

25… 진정한 의미에서 사랑에 빠진 사람에게 세상은 존재하지 않는다. 사랑하는 사람이 그것을 대체해버리기 때문이다
　　　_**호세 오르테가 이 가세트 : 185**

26… 나는 너로 인해 나가 된다 _**마르틴 부버 : 193**

27… 과거의 사랑들에 대한 무관심에는 극히 잔인한 면이 있다
　　　_**알랭 드 보통 : 199**

28… 사랑은 세계의 법칙들에 의해서는 계산되거나 예측할 수 없는 하나의 사건이다 _**알랭 바디우 : 205**

29… 인간이 인간이기 위해서는 '가족적'이어야 한다 _**가브리엘 마르셀 : 211**

30… 사랑도 압제가 될 때에는 해방의 대상일 뿐이다 _**도올 김용옥 : 217**

31… 젊은이든 늙은이든 철학을 탐구해야 한다 _**에피쿠로스 : 223**

32… 내용 없는 사유는 공허하고, 개념 없는 직관은 맹목적이다
　　　_**임마누엘 칸트 : 231**

33... 철학은 보편을 주장하지만, 절대를 주장하지는 않는다
_도올 김용옥 : 237

34... 책은 인간의 존재 방식이다 _에마뉘엘 레비나스 : 245

35... 네 안에 너를 멸망시킬 태풍이 있는가? _프리드리히 니체 : 251

36... 다른 사람들의 머리는 진정한 행복이 자리를 잡기에는 너무 초라한
곳이다 _아르투르 쇼펜하우어 : 257

참고문헌 : 264

저자 서문

생각하는 대로 살지 않으면, 사는 대로 생각하게 된다

"문제는 경제야, 바보야! It's the economy, stupid!"

1992년 미국 대선에서 빌 클린턴이 사용했던 캐치프레이즈로, 민주당은 이 구호로 민심을 얻어 당시 상대 후보였던 조지 부시를 누르고 승리했다. 그때를 시작으로 지금까지 모든 선거에서 가장 중요한 이슈는 '경제'다. 우리나라에서도 경제는 선거에서 당락을 결정하는 가장 중요한 척도다. 정당과 관계없이 모든 후보자는 자신이 경제 전문가임을 자처하고, 유권자는 누가 경제를 살릴 적임자인가 만을 평가할 뿐이다. 경제를 제외한 나머지 이슈들은 모두 부차적인 것으로 전락하고 말았다. 이러한 맥락에서 보자면 우리 시대 대통령은 모두 '경제 대통령'이다.

정치 영역뿐만이 아니다. 경제는 우리의 삶 전반에 걸쳐 가장 중요한 가치척도가 되었다. 흔히 '잘산다'는 의미는 좋은 집에 살면서 멋진 옷을 입고 맛있는 음식을 먹는 것이다. 이처럼 현대적 삶의 수준은 대개 경제적 척도로만 평가된다. 직업을 선택하는 기준도, 배우자를 고르는 기준도 모두 경제적 측면이 가장 중요해졌다. 왜 그렇게 된 것일까? 그 이유는 카를 마르크스가 주장했듯이 자본주의 체제가 모든 가치를 교환가치로 만들어버렸기 때문이다. 그 이후로 돈은 다른 모든 가치를 밟고 올라가 최고의 자리에 등극했다. 우리는 돈이 최고의 가치이며 경제학이 최고 학문이 된 세계를 살아가고 있다. 한마디로 경제가 법法이요, 돈이 신神이다.

두말할 것도 없이 돈은 우리의 의식을 지배하는 가장 대표적인 이데올로기다. 사람은 모름지기 돈을 벌어야 하고, 돈을 벌어야 인생의 성공과 행복을 얻는다고 생각한다. 하지만 과연 이러한 생각이 사실일까? 정말 우리는 돈을 벌어야 하고, 돈만 벌면 행복해질까?

역사가 낳은 인류의 지성들인 성인聖人과 현자賢者들의 이야기를 들어보면 반드시 그렇지만은 않다. 그들의 말을 따르면, 돈은 (최대한 긍정적으로 평가한다고 해도) 행복을 위한 단 하나의 수단에 불과하다. 행복이나 풍요의 원천은 돈이 아니라 사람에게 있다. 독일의 시인 라이너 마리아 릴케는 이렇게 말했다. "너의 일상이 초라해 보인다고 탓하지 마라. 풍요를 불러낼 만한 힘이 없는 너 자신을 탓하라." 행복은 자신이 가진 소유물로 결정되는 것이 아니다. 그것을 '어떤 기준으로 바라보는가'라는 우리의 생각에 달려 있다.

우리는 지금 그 어느 시대에도 경험하지 못한 물질적 풍요를 구가하고 있지만, 한편으로는 그 어느 시대에도 경험하지 못한 결핍에 시달리며 살아간다. 별생각 없이, 아무 반성이나 성찰 없이 돈만 중시해온 결과다. 철학자 베이컨은 이렇게 말했다. "돈은 최상의 하인이자 최악의 주인이다." 돈은 우리가 원하는 것을 충실하게 제공하는 하인 노릇도 하지만, 바로 그와 같은 이유로 돈 그 자체를 절대적으로 따르게 하는 우리의 주인이기도 하다.

모든 것을 돈으로 환산해버릴수록 인간의 가치는 평가절하된다. 모든 것이 돈으로 평가되는 삶은 초라하다. 돈에 매달릴수록 우리는 무능해지고 생각이 없어진다. 그렇다면 어떻게 해야 할까? 어떻게 하면 돈에만 집착하지 않고 풍부한 삶을 살아갈 수 있을까?

* * *

"언어는 존재의 집이다."

독일 철학자인 마르틴 하이데거는 동물과는 다른 인간의 존재 방식을 이와 같은 표현으로 정의했다. 쉽게 풀이하자면 인간의 존재 방식은 자신이 사용하는 언어 수준을 넘지 못한다는 것이다. 하이데거는 인간 존재의 수준이 의식주와 같은 경제적인 요소가 아니라 그 사람이 사용하는 언어 수준에 따라 결정된다고 보았다. 그렇다면 언어 수준은 어떻게 결정될까? 상식적인 이야기지만 언어는 그 사람이 무슨 생각을 하는지에 따라 달라진다. 생각이 야비하면 말도 거칠

어지고, 생각이 깊으면 말도 신중해진다. 법정 스님의 말을 빌리자면 "언어(말)는 생각을 담는 그릇이다." 결국 생각은 언어를 구사하기 위한 설계도인 셈이다.

언어와 존재, 생각과 언어의 관계를 도식화하면 이렇다.

생각 = 말(언어) = 존재

내가 무슨 생각을 하는지에 따라서 사용하는 언어가 결정되고, 그렇게 결정된 언어로 나의 존재가 정해진다. 한마디로 자신의 생각이 자신의 존재를 결정한다. 하이데거의 표현을 빗대어 다시 말하면 "생각은 존재의 집이다."

다시 처음의 질문으로 돌아가 보자. 우리는 어떻게 하면 경제적인 요소에 집착하지 않고 살 수 있을까? 그 방법은 간단하다. '생각하며' 살면 된다. 우리의 생각이 우리의 삶을 결정하기 때문이다. 이렇게 말할 수도 있다. 우리는 왜 경제적인 것에만 몰두하는가? 그것은 '생각하지 않기' 때문이다.

"아니! 생각하지 않는 사람이 어디 있어?"

이렇게 반문하는 이들도 있을 것이다. 일리가 있는 주장이다. 철학자 르네 데카르트는 코기토 명제(Cogito ergo sum: 나는 생각한다, 고로 존재한다)를 통해 인간은 생각하는 존재라고 주장했듯이, 인간은 다른 동물들과는 달리 '생각'을 한다. 하지만 우리는 정말 모든 상황에서 생각하고 있을까? 결론부터 말하자면 그렇지 않다. 사람들은 '별생각 없이' 학교에 다니고, '별생각 없이' 회사에 다니면서 '별생각 없이' 인생을 살아간다. 사람들은 대체로 '별생각 없이' 살고 있지만 정작 자신은 그러한 사실을 의식조차 하지 못한다.

 '별생각 없이' 사는 사람들을 향해 프랑스의 소설가인 폴 부르제는 이런 말을 했다. "생각하는 대로 살지 않으면, 사는 대로 생각하게 된다." 어떤 사람들은 이 말을 두고 "생각하는 대로 살든, 사는 대로 생각하든 어쨌든 사람은 생각하는 존재잖아?"라고 해석할 수도 있다. 하지만 그것은 폴 부르제의 의도와는 다른 풀이다. '생각하는 대로 사는 것'과 '사는 대로 생각하는 것'에는 큰 차이가 있다. 생각하는 대로 사는 사람은 정말로 '생각하며' 사는 것이다. 하지만 사는 대로 생각하는 사람은 '생각 없이' 산다고 보는 게 옳다. 정확히 말하자면 자신이 사는 모습에 당위성, 혹은 정당성을 부여하기 위해 '생각'하고 있을 뿐이다. 흔히 사람들은 자신의 비참한 현실에 "원래 삶은 그런 거야" 또는 "남들도 다 그렇게 살고 있잖아" 등의 이야기로 당위성을 부여하고 스스로 위안을 얻는다. 하지만 이러한 태도는 '생각하지 않는' 삶이다. 현실이 왜 그러한지를 따져 물어야 비로소 '생각하며' 사는 삶이다.

 그렇다면 사람들은 왜 생각하지 못하고 사는 대로 생각하는 것일까? 많은 사람이 자신의 가치관을 스스로 생각한 결과라고 믿는다. 하지만 안타깝게도 그렇지 않다. 대개 개인의 가치관은 그 자신이 속한 집단의 논리를 내재적으로 수용한 결과일 확률이 높다. 우리가 당연하다고 받아들이는 생각들을 점검해보자. 예컨대 많은 사람이 사람대접을 받으려면 대학을 나와야 하고 번듯한 직장이 있어야 하며 결혼도 꼭 해야 한다고 생각한다. 하지만 정말 그럴까? 아무도 왜 그런 생각이 당연하냐고 따져 묻지 않는다. 왜냐고? 많은 사람이 이미 그렇게 살아가고 있고, 그렇기에 그런 삶의 모습이 '당연'해 보이기 때문이다. 하지만 이런 생각을 당연하게 받아들이는 것 자체가 우리가 생각하지 않는다는 사실을 보여주는 증거에 불과하다. 자신도 모르는 사이에 누군가가 만들어놓은 지배 논리를 '별생각 없이' 수용한 결과라는 뜻이다.

이처럼 우리는 특별한 노력을 기울여 생각하지 않는 한, 집단이 생산해낸 논리에 파묻히기 쉽다. 의식적으로 노력하지 않으면 저절로 그렇게 된다. 생각하지 않으면 우리는 하루하루 살아가는 생활의 압력, 자신이 속한 집단의 이익 논리, 사회의 지배적 이데올로기에 굴복하게 된다. 그러한 논리나 이데올로기들은 부지불식간에 우리의 의식을 지배하게 되고, 우리는 별생각 없이 그저 하루하루를 살게 된다. 결국 '사는 대로 생각하게' 되는 것이다.

* * *

우리가 지배 이데올로기에 휩쓸리지 않고 생각하며 살기 위해서는 어떻게 해야 할까? 책을 읽어야 한다. 프랑스 철학자 볼테르는 이렇게 말했다. "당신은 책이라는 것을 좋아하지 않을지도 모른다. 그런 당신은 분명히 부질없는 야심과 쾌락에만 몰두하고 있을 것이다." 만약 책을 전혀 읽지 않는다면, 우리는 자기 의지와 상관없이 지배적인 이데올로기의 포로가 되기 쉽다. 신문, 방송, 광고뿐만 아니라 우리의 사회적 네트워크에서도 자주 접하는 지배 이데올로기를 자신도 모르게 내재화하기 때문이다.

혹자는 삶이 너무 바쁘고 힘겨워서 도무지 생각할 겨를이 없다고 말한다. 하지만 삶이 아무리 바쁘고 힘들어도 무지와 무사고가 대안이 될 수는 없다. 오히려 대안은 새로운 지적 성찰에 있다. 독서는 단지 저자의 생각을 수동적으로 받아들이는 것을 말하지 않는다. 그보다 자신의 생각을 발견하는 것이 진정한 독서의 의미다. 책을 읽으면 생각이 명료해지고 자신의 삶을 새롭게 펼쳐나갈 힘을 얻는다. 중국의 비평가인 린위탕(林語堂, 임어당)은 "평소에 책을 읽지 않는 사람은 시간적으로나 공간적으로나 자기 하나만의 세계에 감금되어 있다. 그러나 그러한 사람들이라도 손에 책을 들면 별천지에 있는 자신을 발견하게 될 것이다"라고 말했다.

우리가 시대의 지배 이데올로기인 '돈(자본)'에 매달리지 않고 자신이 원하는 삶을 살기 위해서는 독서를 통해 자신의 생각을 발견해야 한다. 그럴 때에만 자신이 생각한 대로의 삶을 살아갈 수 있다. 요컨대 자신의 미래는 현재 자신이 어떤 생각을 하고 있는지에 달려 있다. 생각에 따라서 자신의 행동과 선택이 달라지고, 그러한 행동과 선택으로 미래의 삶이 결정된다. 그러므로 "지금 내가 하는 생각이 곧 나의 미래다!"

눈 밝은 독자라면 이미 눈치챘겠지만, 이 책의 중심 주제는 '생각'이다. 그것도 삶에 대한 '깊은 생각'이다. 그래서 삶의 문제를 깊이 있게 통찰했던 인문대가ᄉ文大家들, 특히 철학자들의 '깊은 생각'을 모아 담았다. 그들의 깊은 생각을 빌려 오늘날 우리의 현실을 새롭게 해석함으로써 자신이 원하는 미래를 만들어나갈 방법을 찾고자 했다. 결국 나답게 산다는 것, 내 인생을 산다는 것은 지배 논리에 휩쓸리지 않고 '생각하며' 사는 것이다. 이 책을 통해 많은 사람이 생각에 깊이를 더하고, 또 자신이 원하는 미래를 열어나가는 데 꼭 필요한 도움을 얻기를 희망한다.

2014년 3월 어느 날
서초동에서 이호건

The Art of Living 01.

세계는
그대가 원하는 대로
세상에
머물러 있다

마르틴 부버
Martin Buber, 1878~1965

질문 하나, 이 세상은 살 만한 곳일까? 물론 사람마다 대답은 다를 것이다. 어떤 이는 "세상은 참 살 만한 곳"이라고 말하는가 하면, 또 어떤 사람은 "참 살기 힘겨운 세상"이라고 말할 것이다. 같은 시대, 같은 공간에 있으면서 왜 사람들은 세상살이에 대해 서로 다르게 느낄까? "당연한 걸 왜 물어보느냐"고 반문하는 사람이 있을지도 모르겠다. 하지만 당연해 보이는 현상이라도 한번 더 질문하고 답하는 것이 철학이기에 좀 더 논의해보자. 세부적인 논의를 시작하기에 앞서 시 한 편을 읽어보자. 다음은 정일근 시인의 〈신문지 밥상〉이다.

신문지 밥상

더러 신문지 깔고 밥 먹을 때가 있는데요
어머니, 우리 어머니 꼭 밥상 펴라 말씀하시는데요
저는 신문지가 무슨 밥상이냐며 궁시렁 궁시렁하는데요
신문질 신문지로 깔면 신문지 깔고 밥 먹고요
신문질 밥상으로 펴면 밥상 차려 밥 먹는다고요

> 따뜻한 말은 사람을 따뜻하게 하고요
> 따뜻한 마음은 세상까지 따뜻하게 한다고요
> 어머니 또 한 말씀 가르쳐 주시는데요
>
> 해방 후 소학교 2학년이 최종 학력이신
> 어머니, 우리 어머니의 말씀 철학
>
> ― 정일근, 〈착하게 낡은 것의 영혼〉

모르긴 몰라도 대개는 신문지를 깔고 밥을 먹어본 적이 있을 것이다. 소풍이나 엠티MT를 가면 바닥에 신문지를 깔고, 여럿이 둘러앉아 식사할 때가 간혹 있다. 생각해보면 식탁보다 신문지를 깔고 밥 먹을 때가 색달라서 더 즐거웠던 것 같다. 하지만 색다른 경험은 어쩌다 한 번씩 해야 맛이지, 너무 자주 하면 재미가 반감되는 법이다. 어쩌면 고역苦役에 가까울 수도 있다. 생각해보자. 매일 신문지를 밥상 삼아 식사해야 한다면 그때마다 색다른 기분이 들고 즐거울까? 그렇지는 않을 것이다.

요즘에는 그런 가정이 거의 없겠지만, 시인은 어린 시절에 신문지를 펴고 밥을 먹었던 적이 많았나 보다. 〈신문지 밥상〉에 등장하는 어머니는 오늘도 식사를 준비하면서 자식에게 아무렇지도 않은 듯 말한다. "얘야 밥상 펴라." 신문지를 가리키면서 말이다. 아마도 변변한 가재도구 하나 없는, 말 그대로 찢어지게 가난한 집이었던 것 같다. 그러니 신문지가 밥상으로 둔갑했을 것이다. 그런데 신문지를 바라보는 어머니와 자식의 시선이 다르다. 어머니에게는 신문지가 당신의 말처럼 '밥상'이다. 하지만 자식의 눈에는 그저 '신문지'일 뿐이다. 그래서 자식은 "신문지를 펴라"는 말을 "밥상 펴라"고 표현하는 어머니를 이해할 수가 없다. 그러니 구시렁구시렁할 수밖에.

이처럼 신문지라는 동일한 대상을 바라보면서도 서로 다른 두 가지의 시선, 즉 밥상으로 보는 어머니의 시선과 그저 신문지로만 보는 자식의 시선이 존재한다. 누가 올바르게 바라보고 있는 것일까? 결론부터 말하자면, 두 사람의 시선 모두 맞다. 무슨 근거로 그런 말을 하느냐고? 독일 철학자인 하이데거의 주장을 들어보자.

> 현존재(인간)는 존재하는 한 언제나 이미, 그리고 언제나 여전히 존재 가능성에 따라 이해한다. — 하이데거, 《존재와 시간》

하이데거는 사물의 존재가 본래부터 정해져 있는 것이 아니라, 그것을 이해하는 사람에 따라 달라진다고 보았다. 즉 우리가 사물을 볼 때 항상 동일하게 보는 것이 아니라, 그 사물의 '쓸모'에 따라 다르게 본다는 말이다. 가령 무더운 여름철에 바닷가 백사장에 갔다고 치자. 사람들은 그곳을 '해수욕장'으로 인식할 것이다. 해수욕장에 간 사람들은 재빨리 수영복으로 갈아입고 해수욕을 즐기려고 할 것이다. 하지만 추운 겨울날에 그곳을 찾아간 사람들은 어떻게 인식할까? 여전히 바닷가 백사장을 해수욕장으로 인식하고 수영복으로 갈아입으려고 할까? 다른 사정이 없는 한 그러지 않을 것이다. 그들에게는 그저 한적한 바닷가의 백사장으로 인식될 것이다.

같은 장소를 서로 다르게 인식하는 이유는 무엇일까? 그것은 사물에 대한 '가능성'을 서로 다르게 보기 때문이다. 여름철의 바닷가 백사장을 해수욕장으로 인식하는 이유는 그곳에 해수욕할 가능성이 있기 때문이다. 마찬가지로 겨울철에 그곳을 해수욕장으로 인식하지 못하는 이유는 그 가능성이 없기 때문이다. 이처럼 우리가 사물을 인식할 때에는 그 사물이 가진 본래의 성질로 인식하는 것이 아니라, 그것의 '존재 가능성'에 입각해서 인식한다는 것이 하이데거의 통찰이다.

이처럼 하이데거는 사물을 이해하는 방식이 사람에 따라 다를 수 있다고 보았다. 그는 사람이 사물을 이해하는 형식을 '해석'이라고 불렀다. 그는 "이해란 스스로 이해한 것을 이해하면서 자기 것으로 만든다. 이해는 해석이라는 형태를 취하여 다른 어떤 것으로 되는 것이 아니라, 자기 자신이 된다"라고 했다. 또한 자신 앞에 존재하는 사물들을 이해하고 해석함으로써 그것들의 의미를 밝힌다는 의미로 인간을 '현존재Dasein'라고 불렀다.

현존재인 인간이 이해하고 해석한 의미들의 집합체가 바로 '세계'다. 결국 사물이나 세계도 이해하고 해석한 대로 자기 앞에 열리는 셈이다. 독일의 철학자 마르틴 부버도 객관적인 세계를 부정하고 사람마다 주관적으로 지각한 세계가 펼쳐진다고 보았다.

세계는 그대가 원하는 대로 세상에 머물러 있다. 그러나 그대의 밖에 있든 안에 있든 그것은 그대에게 냉담하다. 그대는 세계를 지각하고 그것을 그대의 진리로 받아들인다. 세계는 그것을 내버려둔다. — 마르틴 부버, 《나와 너》

그는 우리가 자신이 원하는 대로의 세상에 머물면서 원하는 대로 지각하고 또 그것을 진리로 인식한다고 보았다. 마르틴 부버가 표현한 '원하는 대로'의 세상은 하이데거가 말한 '이해하고 해석한 대로'의 세상이다.

이제 정일근의 시에서 신문지를 놓고 어머니와 자식의 시각이 왜 달랐는지 이해할 수 있다. 신문지를 이해하고 해석한 내용이 서로 달랐기 때문이었다. 그래서 둘 다 맞다. 그런데 여기에서 한 발 더 나가보자. 신문지를 그저 신문지로 해석한 자식에게는 식사시간마다 신문지를 깔고 밥을 먹는 초라한 세계가 열렸지만, 신문지를 밥상으로 해석한 어머니에게는 근사한 밥상을 펼쳐놓고 식사하는 풍요로운 세계가 열렸다. 다시 말해, 우리가 사물이나 세계를 어떻게 이해하고 해석하는가에 따라서 자신 앞에 펼쳐지는 세계가 달라진다. 궁핍한 삶에도 나름대로 의미를 부여하고 살아가는 어머니의 삶의 철학은 바로 이러한 통찰에서 나온 것이다.

우리가 사물이나 세계를 어떻게 이해하고 해석하는가에 따라서 우리 앞에 펼쳐지는 세계 자체가 달라진다는 하이데거의 사유는 현대를 살아가는 우리에게 많은 생각을 하게 한다. 여기서 우리 자신에게 질문해보자. 또 그 질문에 솔직하게 대답해보자. 지금 당신

앞에 펼쳐진 세상은 초라한가, 아니면 풍요로운가? 당신의 미래는 현재보다 나빠질 것인가, 훨씬 좋아질 것인가? 아마도 사람마다 다른 답변을 내놓을 것이다. 중요한 점은 자신 앞에 놓인 세상이나 미래에 대한 '존재 가능성'을 어떻게 해석하는가에 따라서 답변이 달라진다는 것이다. 존재 가능성을 활짝 열어두고 세상이나 미래를 해석하는 이는 긍정적인 답변을 하지만, 그 존재 가능성을 닫아놓고 해석하는 사람은 부정적인 답변을 할 수밖에 없다.

그렇다면 존재 가능성을 활짝 열어놓고 세계를 해석하는 사람들은 많을까? 불행히도 이 질문에 대한 대답은 부정적이다. 대체로 어린이는 꿈꾸기를 즐긴다. 자신의 미래에 대한 존재 가능성을 열어놓고 있기 때문이다. 그런데 어른이 되면 꿈꾸기를 멈춘다. 왜 그럴까? 꿈을 이루기에는 너무 나이가 많은 것일까? 어른이 되면 꿈꾸기를 멈추는 이유는 단 하나다. 미래에 대한 존재 가능성을 닫아버렸기 때문이다. 안타까운 일이지만 그런 사람이 많다.

현재 내 앞에 놓여 있는 세계가 만족스럽지 않거나 내 미래에 대해서 불안한 생각이 든다면 하이데거와 마르틴 부버의 생각을 떠올려보는 건 어떨까? 인간은 자신의 이해와 해석을 통해서 자신만의 세계를 만들어가는 존재다. 지금보다 풍요롭고 더 나은 미래를 원한다면 지금 내 앞에 놓인 세계를 폭넓게 이해하고, 미래에 대한 자신의 존재 가능성을 활짝 펼쳐보자. 존재 가능성을 활짝 열어놓고 사물이나 세계를 풍부하게 해석할 수 있을 때 비로소 풍요로운 삶을 살아갈 수 있다. 그럴 때에라야 이 세상은 살 만한 곳이 된다.

sad chair #1

지금 내 앞에 펼쳐진 세상은 초라한가, 풍요로운가?
모든 존재 가능성을 활짝 열어젖히고
그 속으로 나 자신을 던져보자.
세계는 내가 원하는 대로 세상에 머물기 때문이다.

The Art of Living 02.

무^無는 존재의
고유한 가능성이며,
또 존재의
유일한 가능성이다

장 폴 사르트르
Jean Paul Sartre, 1905~1980

"우리는 민족중흥의 역사적 사명을 띠고 이 땅에 태어났다."

오래전에 학교를 다닌 사람이라면 누구든지 반드시 외워야 했던 〈국민교육헌장〉의 첫 문장이다. 얼마나 외웠는지 나 역시 수십 년이 지난 지금도 기억이 생생하다. 나와 같은 시대에 학교를 다닌 사람들은 모두 자신이 민족중흥의 역사적 사명을 띠고 태어난 줄 알았다. 마치 민족을 위해서 우리 자신이 무엇이라도 해야 할 것처럼 말이다.

여기 한 아버지가 있다. 그는 어렸을 때부터 판사가 되는 꿈을 꾸었다. 하지만 불행히도 그 꿈을 이루지 못했다. 그러자 아버지는 자신이 이루지 못한 꿈을 자식이 이루어주기를 바랐다. 아버지는 자식이 어릴 때부터 "너는 커서 반드시 판사가 되어야 한다"고 가르쳤다. 심지어 임종 직전에도 "너는 꼭 판사가 되어야 한다. 이것이 아버지의 마지막 소원이다"라는 유언을 남기고 눈을 감았다. 세월이 흘러 자식은 아버지의 소원대로 판사가 되었다. 여기까지가 아버지의 소원을 이룬 효심 가득한 자식 이야기다. 그런데 우리는 이 이야기를 해피엔딩이라고 볼 수 있을까?

고대 그리스의 스토아학파 철학자 에픽테토스는 "인간은 신이

준 배역을 연기하는 연극배우"라고 주장했다.

> 너는 작가의 의지에 의해서 결정된 인물인 연극배우라는 것을 기억하라. 만일 그가 너에게 거지의 구실을 하기를 원한다면, 이 구실조차도 또한 능숙하게 연기해야 한다는 것을 기억하라.
> — 에픽테토스, 《엥케이리디온》

여기서 작가는 신神을 뜻한다. 즉 인간은 신이 결정하고 부여한 배역으로 살아야 하는 연극배우다. 신이 거지 구실을 하기 원하면 거지 구실을 해야 하고, 절름발이가 되길 원하면 절름발이가 되어야 한다. 이에 의하면 우리는 자신의 의지가 아니라 신의 뜻대로 살아야 하는 존재다. 당신은 에픽테토스의 주장에 동의하는가? 아마 그러지 않을 것이다. 자신이 어떻게 살아야 하는지를 자신이 아닌 다른 사람이 정한다면(설령 신이라고 하더라도) 그다지 기분 좋은 일은 아니다.

흔히 "사명使命을 받았다"는 말을 한다. 사명이란 말 그대로 '따라야 할 명령'이다. 사명을 가진 인간은 무엇인가 따라야 할 명령을 받은 사람이다. 어릴 적부터 아버지에게서 판사가 되어야 한다고 교육을 받은 자식도, 민족중흥의 역사적 사명을 가지고 태어났다고 생각한 사람도, 모두 반드시 따라야 할 명령을 받은 채 인생을 사는 사람들이다. 판사가 되는 것이 인생에서 무엇보다도 중요했던 아들처럼 과거 사람들에게는 민족중흥이 가장 중요한 지상 과제였다(물론 나는 단순 암기로만 그쳤을 뿐, 민족중흥이라는 역사적 사명을 이루기 위해 심각하게 고민한 적은 없다).

그렇다면 사명을 가진 사람은 행복할까? 신이나 국가, 또는 아버지가 반드시 지켜야 할 명령, 즉 사명을 정해준 삶은 긍정할 만한 인생일까? 그렇지 않을 것이다. 러시아의 소설가 도스토옙스키는 "만약 신이 존재하지 않는다면 모든 것은 허용될 것이다"라고 했다. 그의 말을 빌려 '신의 부재不在'를 자기 철학의 출발점으로 삼았던 실존주의 철학자 사르트르의 주장에 주목해보자.

사르트르는 사명을 가진 존재를 부정한다. 그는 인간 존재의 본질을 '무無'로 보았다(그래서 그의 책이 《존재와 무》다). 아무것도 정해진 바가 없다는 뜻이다. 그는 아무것도 정해진 바가 없는 곳에서 존재의 새로운 가능성을 보았다.

> 무無는 존재의 고유한 가능성이며, 또 존재의 유일한 가능성이다.
> ― 사르트르, 《존재와 무》

이는 어떻게 존재해야 하는지 정해진 바가 없기에 오히려 어떻게 존재할지에 대한 무한한 가능성이 열려 있다는 뜻이다.

'신의 부재'는 인간에게 두 가지를 동시에 주었다. 그것은 바로 '불안감'과 '가능성'이다. 어떤 사람들은 신이 어떠어떠한 모습으로 살라고 알려주던 시절과는 달리, 특별히 정해준 바가 없어서 오히려 불안해한다. 그들의 마음속에는 '신의 뜻을 모르는데 어떻게 살란 말인가?'라는 의구심과 불안감이 깃들어 있다. 반면 어떤 이들은 신의 뜻이 없으므로 자기 마음대로 정해서 살면 된다고 생각한다. 당신은 어느 쪽에 가까운가? 사르트르는 후자의 가능성을 보았다. 그에게는 에픽테토스가 말했던 신이 정해준 배역이 애당초 없었다. 그는 아무것도 정해진 바 없이 미래를 향해 기투(企投, 현재를 초월하여 미래로 자신을 내던지는 것)하는 과정에서 자신의 본질을 창조해가는 것을 인간 존재의 근본으로 보았다. 미래를 향한 끊임없는 기투와 창조, 그것이 바로 '실존實存'이다. 결국 사르트르의 관점에서 보면 인간은 인생에서 반드시 따라야 할 명령이 없으며 자신의 삶을 스스로 만들어나가야 하는 존재다.

아버지의 소원대로 판사가 된 아들의 이야기로 다시 돌아가 보자. 아들은 지금 행복한 삶을 사는 것일까? 모를 일이다. 하지만 자신의 의사가 아닌 다른 누군가의 뜻대로 사는 삶을 '실존한다'고는 말할 수 없다. 내가 어떻게 존재할 것인가는 본인만 정할 수 있기 때문이다. 사르트르의 시각으로 보면, 자신의 의지는 무시한 채 아버지의 뜻대로만 사는 사람은 이미 죽은 자나 다름없다. 신도, 아버지도 자신이 어떻게 존재할 것인가를 대신 선택해줄 수 없다. 그렇기에 자신이 스스로 정해야 한다. 그럴 때에만 실존하는 것이다.

우리는 누군가의 목적이나 기대를 충족시키기 위해 사는 사람을 부러워할 필요가 없다. 설령 그의 사회적 지위가 높다고 할지라도 말이다. 어쩌면 그는 지금 자신의 삶을 '사는' 것이 아니라 '연극하는' 것일 뿐이다. 그렇다. 그는 가면을 쓴 채 누군가가 정해준 배역대로 연기하는 연극배우에 불과하다. 가면 아래로 진짜 얼굴을 숨긴 채 말이다.

실제의 연극배우는 무대에서만 가면을 쓴다. 배우는 무대에서 내려오면 가면을 벗고 자신의 삶을 살아간다. 하지만 자신이 원치 않은 삶을 사는 사람은 인생 전체가 연극 무대인 셈이다. 그는 어느 순간에도 가면을 벗을 수가 없다. 인생 전체가 연극판인 것을 어찌하겠는가. 자신에게 주어진 배역을 연기하느라 정작 자신으로 실존하지 못하는 인생을 사는 건 불행한 일이다. 가슴에 손을 얹고 스스로 물어보자.

"나는 지금 실존하고 있는가, 아니면 연기하고 있는가?"

The Art of Living 03.

우리는 어떤 길이 좋은지
나쁜지 생각하지 않는다.
우리는 그저 그 길에 난
발자국이 얼마나
많은지에만 매달린다.
그런데 돌아오는 사람의
발자국은 하나도 없다

루키우스 세네카
Lucius Annaeus Seneca, B.C. 4?~A.D. 65

그 끝없는 고독과의 투쟁을
혼자의 힘으로 견디어야 한다.
부리에,
발톱에 피가 맺혀도
아무도 도와주지 않는다.
숱한 불면의 밤을 새우며
〈홀로서기〉를 익혀야 한다.

― 서정윤, 《홀로서기》

"기다림은 만남을 목적으로 하지 않아도 좋다"라는 문장으로 시작되는, 서정윤 시인의 시 〈홀로서기〉의 한 구절이다. 이 시는 1980~1990년대 숱한 실연의 아픔을 경험한 수많은 청춘들에게 공감을 얻어 당시에는 일종의 '힐링캠프'와도 같은 시였다. 시인은 실연의 상처를 간직한 사람에게 이렇게 외쳤다. "고독과 투쟁해서 견디라고, 숱한 불면의 밤을 지새우며 '홀로서기'를 익히라"고.

그런데 실연의 아픔을 간직한 사람에게 홀로서기를 익히라고 조언해주는 것은 올바른 처방일까? 실연의 상처는 새로운 사랑으로 치유하는 것이 가장 빠른 길 아닐까? 그렇다. 경험자라면 쉽게 공감하겠지만, 고독을 혼자서 견디는 홀로서기보다는 옛사랑을 잊고 새로운 만남을 시작하는 게 훨씬 더 쉽고 빠르게 상처를 치유하는 방법이다. 새로운 사랑이 주는 기쁨이 과거의 고통을 잊게 해주기 때문이다. 이런 의미에서 실연당한 이에게 홀로서기란 상처를 치유해주는 치료제가 아니라 아픔을 견디도록 도와주는 진통제에 가깝다.

그렇다면 홀로서기를 하라는 조언은 큰 의미가 없는 주장일까? 꼭 그렇지만은 않다. 인생을 살아갈 때 홀로서기의 자세는 매우 중요한 의미를 지닌다. 홀로서기 여부가 삶에 대해 실존적 의미를 부여하기 때문이다. 대부분 사람은 인생에서 홀로서기를 해야 할 때를 두려워하고 기피한다. 홀로 선다는 것은 '자유'를 의미하기도 하지만 한편으로는 '고독'을 내포하고 있기 때문이다. 홀로 선 자는 무리를 벗어난 자다. 그에게는 어울림이 주는 편안함보다 자유로움이 주는 고독이 더 가까이에 있다. 그래서 늘 외롭고 불안하다.

대체로 사람들은 자유로워지고 싶다고 말한다. 하지만 진정으로 자유를 원할까? 물론 개인에 따라 다르겠지만, 뜻밖에도 자유를 원치 않는 사람도 있다. 아니 좀 더 솔직하게 말하자면, 사람들은 대개 자유를 기피한다. 그럴 리가 있느냐고? 예를 들어보자. 가령 지금 당신이 다니던 회사가 부도가 나서 직장이 없어졌다고 치자. 이때 당신의 기분은 어떨까? 아마 매우 불안할 것이다. 의지할 곳이 없어졌기 때문이다. 하지만 직장이 없어졌다는 것은 한편으로는 당신에게 무한한 자유가 주어졌다는 뜻이다. 이제부터 무엇이라도 할 수 있으니 말이다(이 말에 공감하지 못하는 사람이 많을 것이다. 하지만 직장을 잃으면 회사에 얽매이는 대신 더 큰 자유가 주어진다는 점은 명백한 사실이다). 그러나 사람들은 자기 앞에 주어진 무한한 자유를 즐기지 못하고, 다시 자유를 속박하는 곳을 찾아 들어간다(사람들은 그러한 행위를 '구직求職'이라고 부른다).

　사람들은 왜 홀로서기를 싫어하고 꺼리는 걸까? 그 이유는 홀로서기가 주는 자유로움의 희열보다 홀로 남겨짐으로써 겪게 될 고독의 고통이 더 크기 때문이다. 스토아학파 철학자인 세네카는 홀로서기를 피하려는 인간의 심리에 대해 이렇게 말했다.

> 우리는 어떤 길이 좋은지 나쁜지 생각하지 않는다. 우리는 그저 그 길에 난 발자국이 얼마나 많은지에만 매달린다. 그런데 돌아오는 사람의 발자국은 하나도 없다. ― 세네카, 《대화》

　그는 사람들이 어떤 선택을 할 때 독자적으로 판단을 내리기보다는 다른 사람의 판단을 중시하고 그대로 따라 하는 경향이 강하다고 보았다. 다시 말해 어떤 길이 좋은 길인지를 생각하지 않고 남의 발자국이 많은 길을 맹목적으로 따라간다는 것이다. 그리고 설혹 그 길이 좋지 않은 길이라도 돌아오는 사람은 없다고 보았다. 왜냐고? 남들이 계속 가기 때문이다. 세네카가 보기에 사람들은 홀로서기보다는 '따라 하기'를 선호한다.

　철학자 에리히 프롬도 비슷한 맥락의 말을 했다. "만일 내가 남들과 같고, 나 자신을 유별나게 하는 사상이나 감정은 없으며, 나의 관습이나 옷이나 생각을 집단의 유형에 일치시킨다면 나는 구제된다." 프롬에 의하면 사람들은 자신만의 경향을 고집하기보다는 집단의 유형에 일치시키려는 경향이 강하다. 그렇게 함으로써 개인은 "고독이라는 가공할 경험으로부터 구제되기" 때문이다. 오늘날 민주주의 사회에서 사람들은 획일화를 강요받지 않지만, 이러한 심리 때문에 스스로 집단과 일치하려고 노력한다. 실존적 불안에서 벗어나기 위해 남들을 따라 하는 것이다. 이것이 바로 프롬이 이야기한 '자유로부터의 도피'의 핵심 개념이다.

그런데 이 같은 선택은 과연 현명한 것일까? 일단 자신과 같은 사람이 주변에 많으니 안전해 보인다. 또 남들과 같아짐으로써 실존적 불안에서 벗어났으니 마음도 편하다. 하지만 이러한 선택이 반드시 좋은 결과를 불러오는 것은 아니다.

예를 들어보자. 우리는 고등학교를 졸업하면 당연하다는 듯이 대학에 진학한다. 왜 그럴까? 특별한 이유 없이 '남들이 다 가니까' 간다. 만약 누군가가 "나는 대학을 가지 않겠다"고 선언하면 어른들은 하나같이 말린다. "대학을 못 가면 인간 취급도 못 받는다"고 하면서. 심지어 "네가 하고 싶은 것이 있더라도 대학을 나온 다음에 하라"고 조언한다. 대학을 졸업하고 나면 당연하다는 듯이 취직을 한다(요즘에는 취직도 누구나 다 하는 게 아니긴 하다). 누군가가 "나는 취직을 하지 않겠다"고 선언하면 또다시 어른들이 말린다. "취직을 못 하면 결혼도 못 한다"고 하면서. 결국 취업하고 나면 남들처럼 결혼하고, 남들처럼 아이 낳고, 남들처럼 그럭저럭 살아간다. 그렇게 '남들처럼' 살아온 사람은 인생의 황혼이 깃들 무렵에 이르러서야 비로소 후회한다. 왜 후회할까? 정작 자신이 하고 싶었던 것은 시도조차 해보지 못하고 남을 '따라 하기'만 하다가 인생을 다 보냈기 때문이다.

남들이 행동하는 대로 따라 산다면 실존적 불안에서는 벗어날 수 있을지 몰라도 자기 자신으로 살기는 어렵다. 하이데거는 이러한 삶을 '퇴락頹落'이라고 불렀다. 퇴락이란 진정한 자기 자신으로서 사는 '본래의 삶'이 무너져내린다는 뜻이다. 그렇다면 우리는 어떻게 살아야 할까? 자신의 삶을 살아야 한다. 하이데거는 인간이 자기 자신으로, 즉 본래의 삶을 사는 것을 '실존'이라고 불렀다.

실존이란 더는 남들이 사는 대로 살지 않고, 스스로 선택하고 결단하여 본래의 자기로 사는 것을 말한다. 그는 실존하려면 '기획 투사Entwurf'를 해야 한다고 조언한다. 기획 투사는 자신에게 열어 밝혀진 '존재 가능성'을 향해 스스로 자기를 던지는 것을 말한다.

어릴 때는 누구나 다양한 꿈을 꾼다. 자신의 '존재 가능성'이 열려 있기 때문이다. 하지만 자라는 동안 남들을 따라 함으로써 스스로 자신의 존재 가능성을 닫아버린다. 그렇게 되면 자기 자신으로서의 삶을 살지 못한다. 서글프지만 현실이다. 실존하고 싶다면, 그래서 자신만의 본래의 삶을 살고 싶다면 남들을 따라 하지 말고 과감히 홀로서기를 선택해야 한다. 내 앞에 열려 있는 존재 가능성을 향해 나 자신을 던져야 한다. 비록 그 길이 외롭고 고독할지라도 말이다.

The Art of Living 04.

나는 반항한다.
그러므로
우리는 존재한다

알베르 카뮈
Albert Camus, 1913~1960

두 형제가 있다. 형은 흔히 말하는 모범생이다. 항상 공부도 열심히 하고 부모의 기대에 어긋나는 행동도 절대 하지 않는다. 반면 동생은 문제아다. 그는 공부에는 별 관심이 없다. 학교에서도 말썽꾸러기로 소문이 나 있다. 또 부모가 무언가를 시키면 곱게 따르는 경우가 거의 없다. 항상 반항하기 일쑤다. 사춘기에 들어서면서부터는 그 정도가 더 심해졌다. 이 형제의 부모는 둘 중 누구를 더 좋아할까? 아마도 문제아인 동생보다는 모범생인 형을 더 좋아할 것이다. 부모의 호불호好不好를 떠나 둘 중 누가 더 인생을 잘살고 있는 것일까? 인생도 모범생인 형이 더 잘사는 것일까? 단정하기 어렵다.

영화 〈이유 없는 반항〉으로 일약 스타 반열에 올랐던 배우 제임스 딘을 기억할 것이다. 그는 단 3편의 영화에만 출연했음에도 영화사에 영원히 기억될 발자취를 남겼다. 그가 처음 모습을 드러냈을 때 세계는 "천재가 나타났다"며 극찬을 아끼지 않았다. 첫 출연 작품으로 아카데미 남우주연상 후보에 추천될 만큼 많은 사람이 그의 연기력을 높이 평가했다. 나이와 관계없이 한 분야에서 남다른 업적을 남긴 사람들은 대부분 자신만의 철학이 담긴 명언을 남기는가 보다. 그도 "영원히 살 것처럼 꿈꾸고, 오늘 죽을 것처럼 살아라"라는 유명한 말을 남겼다. 비록 그는 스물넷의 짧은 생애를 살았지만, 그의 작품은 영원히 팬들의 기억 속에 살아 있을 것이다.

세월이 흐른 지금, 사람들은 제임스 딘을 어떤 이미지로 기억하고 있을까? 사람마다 차이는 있겠지만 공통으로 기억하는 이미지는 아마도 '반항아'가 아닐까 싶다. 그를 스타로 만든 영화 〈이유 없는 반항〉에서도 그의 거친 반항과 그로 말미암은 고독감이 잘 드러난다. 제임스 딘 하면 '반항'이란 단어가 떠오르듯이, 작가 중에서도 '반항'이란 단어에 걸맞은 인물이 있다. 프랑스 소설가인 알베르 카뮈다. 카뮈는 그의 작품 《반항하는 인간》에서 이렇게 말했다. "나는 반항한다. 그러므로 우리는 존재한다." 카뮈에게 반항은 데카르트의 '코기토(cogito, '나는 생각한다'라는 뜻의 라틴어)'와 같다. 그는 반항하는 인간만이 실존하는 것으로 보았다.

'반항하는 인간'은 어떤 인간일까? 이 물음에 답하려면 먼저 왜 반항하는지에 대해서 살펴봐야 한다. 카뮈는 "삶이 부조리하다고 말할 수 있으려면 의식이 살아 있어야 한다"고 주장했다. 반항하려면 의식이 있어야 하는데, 반항의 의식은 삶이 부조리하다고 느낄 때 비로소 가능하다는 논리다. 그에 따르면 인간과 그를 둘러싼 세계는 기본적으로 부조리하다. 부조리하다는 말은 '조리에 맞지 않다'는 의미지만, 실존주의(카뮈는 실존주의자다)에서는 '희구하는 정신과 그를 좌절시키는 세계 사이의 단절'로 표현된다.

예컨대 인간은 무엇인가를 바라지만 세계가 항상 그 바람을 좌절시키는 상태가 바로 '부조리'다. 부조리한 상황은 현실에서 자주 목격된다. 아무리 열심히 일해도 진급에서 불이익을 당하는 지방대 출신의 샐러리맨, 정규직과 똑같은 업무를 하면서도 차별 대우를 받는 비정규직 노동자, 여성이라는 이유로 관리자로 승진하는 데 어려움을 겪는 직장인 등이 바로 부조리의 예다. 그런데 카뮈가 보기에 부조리한 세계는 특수한 상황이 아니다. 그는 세계가 원래 부조리하다고 보았다. 세계가 부조리하니 삶도 부조리하고 결국 인간도 부조리한 것이다.

그렇다면 부조리한 세계에서 사는 인간은 어떻게 해야 하는가? 카뮈는 "반항해야 한다"고 주장한다. 반항하는 인간은 부조리한 세계를 인식하고, 부조리에 맞서려는 명철한 의식을 가진 사람을 말한다. 카뮈는 반항하는 인간을 이렇게 표현한다.

> 반항하는 인간이란 '확 돌아서고 돌변하는 자'이다. 그는 주인의 채찍질에 못 이겨 걸어가고 있었다. 그런데 그가 돌연 몸을 확 돌려 주인과 맞선 것이다. — 알베르 카뮈, 《반항하는 인간》

그는 반항하는 인간을 노예에 비유했다. 노예는 반항의 의식이 생겨나기 전까지는 주인의 모진 시달림에도 그저 묵묵히 견디기만 한다. 하지만 부조리한 현실을 인식하는 순간, 그의 의식이 깨어난다. 그리고 주인에 맞서 반항한다. 결국 부조리를 깨닫는 의식이 반항하는 인간의 전제조건인 셈이다.

카뮈가 말하는 '반항'은 우리가 일반적으로 생각하는 사전적 의미의 반항과는 다른 개념이다. 단순히 모든 것에 '맞서거나 대드는' 식의 단순한 거부가 아니라, 명철한 의식을 바탕으로 부조리에 대해서만 맞서는 정신이다. 또한 '원한'과도 구별된다. 원한은 '억울한 일을 당하여 응어리진 마음'이다. 철학자 셀러가 《원한의 인간》에서 정의한 것처럼 "자기중독이요, 밀폐된 병 속에서 무력감이 계속됨으로써 생겨난 불건전한 분비물"에 불과하다. 그렇기에 "원한은 항상 자기 자신에 대한 원한"이며 자기 자신을 향해 맞선 정신이다. 이와 달리 반항은 외부의 부조리함과 싸운다. 그렇기에 반항은 단순한 거부를 넘어서 더 멀리 나아가게 하는 활동이다. 반항은 자기 존재의 완전무결함을 위해 투쟁한다.

부조리한 세계에서 자신의 삶을 제대로 살려면 우리는 '반항하는 인간'이 되어야 한다. 카뮈는 반항을 부정적으로 해석하지 않았다. 그의 관점에서 보면 반항이란 자기 권리 의식을 가진 가장 명석한 인간의 행위다.

다시 처음의 사례로 돌아가 보자. 카뮈라면 부모의 기대에 절대 어긋나지 않게 행동하는 모범생 형과 반항을 일삼는 문제아 동생 중, 누구의 삶을 더 긍정할까? 아마도 동생의 삶일 것이다. 모범생 형은 자기 자신으로 못 살고 있다. 부모의 기대대로만 살고 있을 뿐이다. 이에 반해 언제나 반항을 일삼는 동생은 자기 자신으로 살려고 노력한다. 자기의 권리를 찾기 위해서 투쟁하고 있는 것이다.

'반항하는 인간'은 얼핏 보면 부정적으로 비치기 쉽다. 하지만 실상은 매우 도덕적이며 진보적이기까지 하다. 반항의 본질은 이기적인 운동이 아니다. 반항은 자신에 대한 존중을 요구하지만 보편적인 인간의 본성 안에서만 그러하다. 본성을 넘어서는 부분에서까지 맞서거나 대들지는 않는다. 그런 점에서 도덕적이다. 또한 반항은 오직 자신이 억압받는 상황에서만 생겨나는 것이 아니라, 타인이 억압의 피해자가 되는 광경을 목격할 때에도 생겨난다. 반항하는 인간은 타인의 억압을 유발하는 구조에 대항한다. 그런 점에서 진보적이다. 결국 반항은 자기 자신으로 살기 위해서 치열하게 투쟁하는 인간 실존의 몸부림이다.

　　카뮈는 "부조리의 발견은 끝이 아니라 시작"이라고 말했다. 그리고 부조리하다고 느끼는 감정이 반항, 자유, 열정을 이끌어낸다고 주장했다. 부조리한 세계를 인식해야 반항하게 되고, 반항하면 내면에서 자유와 열정의 감정이 샘솟는다는 것이다. 반항 속의 열정, 반항 속의 자유는 부조리에 맞서는 참된 정신이다. 이제 우리는 '반항하는 인간'을 부정적으로 해석해서는 안 된다. 반항하는 인간만이 자유와 열정을 가질 수 있기 때문이다. 자유롭고 열정적으로 살고 싶다면 카뮈의 '반항하는 인간'을 곱씹어보자. 그리고 우리를 둘러싼 세계의 부조리함을 발견하고 거기에 맞서 반항해보자!

The Art of Living 05.

설탕이 물에 녹기를
기다려야
설탕물을
얻을 수 있다

앙리 베르그송
Henri Louis Bergson, 1859~1941

흔히 시간은 누구에게나 공평하게 주어진다고 생각한다. 세상 모든 일이 그다지 공평하지 않은데, 각자에게 주어진 시간만큼은 공평하다고 느낀다. 실제로 누구에게나 똑같이 하루에 24시간씩 주어진다. 어떤 이에게는 23시간이 주어지고, 어떤 이에게는 25시간이 주어지는 일은 없다. 하지만 시간의 세계가 정말로 공평할까? 우리가 통상 시계로 측정하는 시간은 그렇다. 그런 면에서 시간이 공평하다는 주장은 틀린 말이 아니다. 하지만 우리가 공평하다고 말하는 시간은 시계라는 도구로 측정되는 시간, 즉 '과학의 시간'만을 의미한다.

그렇다면 우리가 실제로 느끼고 인식하는 시간, 다시 말해 '실재實在의 시간'도 누구에게나 공평할까? 과학의 시간과는 달리 실재의 시간은 그렇지 않다. 우리는 종종 특정한 상황에 따라 시간이 매우 느리거나 혹은 반대로 엄청나게 빠르다고 느낀다. 가령 남성의 경우 군 생활에서 느끼는 시간의 속도감과 휴가 때 애인과 보내는 시간의 속도감은 전혀 다르다. 전자에서 시간은 거북이걸음처럼 느리다면 후자는 쏘아진 화살처럼 빠르다. 이처럼 생명체가 느끼는 시간 감각은 서로 다를 수 있다.

각자가 처한 상황에 따라 시간 감각이 다르듯이, 생물 기간이 서로 다른 생명체가 느끼는 시간 감각도 다를 것이다. 가령 단 하루를 사는 하루살이와 80년을 사는 인간, 그리고 500년을 사는 소나무는 각각 시간을 어떻게 느낄까? 그들이 느끼는 시간 감각과 속도는 같을까? 아마 그렇지 않을 것이다. 그들 각자에게 과학적으로 동일한 24시간이 주어졌다고 치자. 하루살이에게 그 24시간은 '일생-生'처럼 느껴질 것이다. 하지만 똑같은 24시간이라도 인간이나 소나무는 기나긴 생生의 여러 날에 빗대어보면 '잠깐'에 불과한 것처럼 느껴질 것이다.

이처럼 겉으로 보기에는 누구에게나, 어느 상황에서나 똑같이 주어진 듯하지만 실제로는 생명체마다, 특정 상황마다 다르게 느껴지는 시간 개념에 대해 숙고했던 철학자가 있다. 바로 '시간의 철학자'라고 불리는 앙리 베르그송이다. 그는 시간을 '공간화된 시간'과 '지속의 시간'으로 구분한다. 공간화된 시간은 흔히 시계로 표현되는 시간을 말하고 지속의 시간은 의식의 시간이다. 전자는 과학이 물질을 연구하기 위해 인위적으로 쪼개놓은 시간이고, 후자는 전체적으로 연속되어 있으며 생명과 관련된 시간을 말한다.

베르그송에 따르면 '지속의 시간'에 바로 진화의 비밀이 숨어 있다. 생명체는 '지속'을 통해 연속적인 과정에서 끊임없이 무엇인가를 생성하면서 앞으로 나아간다. 그리하여 변화와 창조를 일으키며 진화한다. 즉 지속의 시간을 통해 변화와 창조를 거치면서 생명체는 진화를 이룬다.

베르그송은 자신의 책 《물질과 기억》에서 다음과 같은 유명한 말을 남겼다.

> 설탕이 물에 녹기를 기다려야 설탕물을 얻을 수 있다.
> — 앙리 베르그송, 《물질과 기억》

이 말에 담긴 의미도 시간과 관련이 있다. 설탕을 물에 녹일 때 우리는 좋든 싫든 설탕이 녹기를 기다려야 한다. 물에 설탕을 넣자마자 즉시 마시면 단맛을 느낄 수 없다. 설탕이 녹아야 비로소 설탕물이 된다. 설탕이 물에 녹는 시간은 우리가 줄이거나 생략할 수 없는 시간이다. 그러므로 누구나 기다려야 한다. 하지만 여기서 중요한 사실은 설탕이 녹기까지 우리가 기다리는 시간은 절대적인 시간(과학적 시간)이 아니라는 점이다. 설탕이 물에 녹아서 설탕물이 되는 과정은 따로 분리해서 관찰할 수 있을 것 같지만, 실제로는 서로 나눌 수 없는 '설탕물'로만 존재한다. 과학처럼 쪼갤 수가 없다. 베르그송의 표현을 빌리자면, 설탕물이라는 전체 속에 설탕과 물이 뒤섞여 '지속'하고 있을 뿐이다.

지속의 시간은 이처럼 과학적 시간과는 달리 불가분不可分한, 즉 나눌 수 없는 질적 변화의 흐름으로 나타난다. 그런 의미에서 베르그송은 "시간은 발명이다. 그렇지 않다면 그것은 아무것도 아니다"라고 말했다. 지속의 시간은 생명체마다 다르며 생명체가 발명한 시간이다. 베르그송은 지속의 관점에서 생명의 진화를 고찰했다. 그에 따르면 생명체는 "눈덩이가 굴러가며 커지듯이" 과거를 껴안는 방식으로 지속하며, 매 순간 새로움이 창조되는 과정에서 진화가 이루어진다.

결국 베르그송의 '지속'이란 한마디로 과학적인 시간과는 달리 나눌 수 없는 질적 변화의 연속으로서, 예측 불가능한 미래를 향해 끊임없이 변화하고 창조함으로써 진화를 이루어내는 생성의 시간이다.

'지속', '생성' 등의 단어가 낯설게 느껴져서 베르그송의 주장이 다소 어렵게 느껴질 수도 있다. 하지만 '생명체마다 지속의 시간이 다르다'는 점은 주변에서 쉽게 관찰할 수 있다. 예를 들어 평소 성적이 비슷한 학생 두 명이 기말고사를 준비하기 위해 도서관에서 함께 공부했다고 치자. 두 사람은 항상 같은 시각에 도서관에 갔고 공부가 끝나면 같은 시각에 집으로 돌아왔다. 그들이 시험 준비를 위해서 투자한 시간은 같다. 그렇다면 시험 결과 역시 비슷하게 나왔을까? 반드시 그렇지는 않다. 같은 시간을 투자해도 어떤 사람은 성적이 좋고 또 어떤 사람은 성적이 안 좋을 수 있다. 이런 현상을 손쉽게 설명하려고 사람들은 흔히 성적이 좋은 학생이 머리가 더 좋다는 식으로 말한다. 하지만 베르그송의 관점에서 풀이하자면, 두 학생은 '지속의 시간'을 다르게 보냈다. 그들은 똑같은 시간을 도서관에서 보냈지만, 시험 준비에 투자한 지속의 시간은 달랐다. 다시 말해 시험 성적에 유의미한 영향을 미치는 독립변수는 '도서관에서 공부한 시간(과학적 시간)'이 아니라 질적 변화를 이루어내는 '지속의 시간'이다.

　　개인마다 지속의 시간이 다르다는 증거는 직장에서도 쉽게 발견된다. 가령 여러 명의 신입사원이 입사하더라도 그중에서 소수만 임원으로 승진한다. 왜 그런 것일까? 임원으로 승진하지 못한 사람은 열심히 살지 않았던 것일까? 그렇지 않다. 사람들은 대체로 열심히 산다. 성공하기 위해 노력도 한다. 하지만 열심히 노력했다고 해서 모두 성공하지는 않는다. 왜냐하면 지속의 시간이 다르기 때문이다. 지속의 시간이 다르므로 질적 변화의 수준도 다른 것이다. 운 좋게 임원으로 승진한 것처럼 보이는 사람도 정말로 '운이 좋아서'만은 아니다. 질적 변화를 만들어내는 지속의 시간을 많이 보냈기 때문이다.

　　우리가 사는 인생도 이와 마찬가지가 아닐까? 흔히 사람들은 열심히 살기만 하면 내일이 오늘보다는 더 나아질 것이라고 믿는다. 그런데 현실에서는 열심히 사는데도 불구하고 좀처럼 삶이 나아지지 않을 때가 더 많다. 왜 그런 것일까? 단적으로 말하자면 지속의 시간에 투자가 부족했기 때문이다. 열심히 과학적 시간에 투자하면서 살았겠지만 이것만으로는 질적 변화를 이루어내기 어렵다. 질적 변화는 지속의 시간을 통해서만 이루어지기 때문이다.

　　우리는 흔히 시간이 흐르면 누구나 실력이 향상되고 내공이 쌓여 진화한다고 생각한다. 하지만 시간은 그렇게 공평하지 않다. 특히 개개인이 보내는 '지속의 시간'은 더욱 불공평하다. 설탕이 물에 녹기를 기다려야 하듯이 누구에게나 시간의 흐름은 필요하지만 시간이 흘렀다고 해서 무조건 진화가 이루어지는 것은 아니다. 시간의 흐름 속에서 얼마나 질적 변화를 이루고 새로움을 창조하는가에 따라서 진화의 정도가 달라진다. 따라서 우리는 질적 변화를 이루어 내는 '지속의 시간'에 더 많은 투자를 해야 한다. 자신이 원하는 분야에 더 집중하고 몰입하는 시간을 늘려야 한다. 지속이 시간을 통해 연속적인 질적 변화를 이루고 새로움을 창조해 나가는 과정을 꼭 거쳐야 한다.

"지속의 시간을 발명하지 않으면 아무것도 아니다."

sad chair #2

그대는 시간의 흐름 속에서
얼마나 질적 변화를 이루었고,
또 얼마나 새로움을 창조했는가.

The Art of Living 06.

신념은
거짓말보다
더 위험한
진리의 적이다

프리드리히 니체
Friedrich Wilhelm Nietzsche, 1844~1900

여기 헌신적인 한 여성이 있다. 그녀는 직장을 다니면서 사법고시를 준비하는 애인을 몇 년째 뒷바라지하고 있다. 그녀는 믿는다. 언젠가는 애인이 당당히 사법고시에 합격할 것이며 자신과 결혼해서 행복하게 살 것이라고. 물론 그녀도 현재의 삶이 쉽지만은 않다. 애인을 뒷바라지하느라 정작 자신을 위해서는 아무것도 하지 않기 때문이다. 주위 사람들은 그런 그녀에게 앞으로는 자신을 위해서 살라고 충고한다. 하지만 그녀는 그런 충고조차 귀에 들어오지 않는다. 애인에 대한 믿음이 너무 강하기 때문이다. 그 믿음은 그녀에게 현실의 어려움을 견디는 힘이 되어주기도 했다.

위와 같은 상황은 삼류 드라마에 흔히 등장하는 설정이다. 애인에 대한 여성의 믿음은 현실로 이루어질 수 있을까? 모를 일이다. 사실 무엇인가에 대한 강한 믿음은 고난을 견디게 하는 힘을 주며 외풍에도 쉽게 흔들리지 않게끔 지지대 역할을 해준다. 하지만 한편으로는 현실을 객관적으로 바라보지 못하게 하는 부정적인 기제로 작용하기도 한다. 독일 생生의 철학자 니체는 이러한 믿음이나 신념에 대해 과감하게 말한다.

> 신념은 거짓말보다 더 위험한 진리의 적이다.
> — 니체, 《인간적인 너무나 인간적인 1》

앞서 이야기한 헌신적인 여성에게 해줄 만한 말이 아닐까? 애인에 대한 믿음, 즉 신념이 그녀가 진리(진실)를 객관적으로 바라보지 못하게 가로막고 있는 것은 아닐까? 그래서 주변 사람들의 진심 어린 충고도 귀에 들어오지 않는 게 아닐까?

신념이란 말 그대로 '굳게 믿는 마음'이다. '굳게' 믿기에 쉽게 마음이 변하지 않는다. 그렇다면 사람들은 어떻게 신념을 지니게 된 것일까? 원래부터 믿을 만한 확실한 증거라도 있었던 것일까? 사람들은 흔히 무엇인가를 강하게 믿으면 그럴 만한 이유(증거)가 있다고 생각한다. 하지만 그렇지 않은 경우도 많다. 《만들어진 신》, 《이기적 유전자》 등으로 유명한 리처드 도킨스는 신념에 대해서 이렇게 말했다. "믿음은 증거를 생략하고 평가해야 할 필요성을 회피하기 위한 대단한 구실이며 대단한 핑계다. 믿음은 증거가 없음에도, 어쩌면 증거가 없어서 갖는 신념이다." 그가 보기에 신념은 믿을 만한 타당한 증거가 없어서, 또는 그 증거가 없음에도 품게 된 믿음이다.

다시 처음의 이야기로 돌아가 보자. 애인에 대한 그녀의 믿음에는 증거가 있을까? 전혀 그렇지 않다. 애인이 사법고시에 합격할 거라는 믿음, 행복한 결혼생활을 할 거라는 그녀의 믿음은 아직 일어나지 않은 미래의 일이다. 한마디로 '기대'일 뿐이다. 물론 그녀로 하여금 이러한 기대를 지니게 한 힘은 그녀의 강한 믿음, 즉 신념에서 비롯되었다. 이처럼 신념은 증거가 없음에도 맹목적으로 무엇인가를 향해 돌진하게 하는 불가사의하면서도 강한 힘이다. 간과하지 말아야 할 사실은 우리의 신념이 때로는 삶에서 소중한 것을 놓치게 한다는 점이다.

예를 들어보자. 한 젊은이가 길을 걷다가 5달러짜리 지폐를 주웠다. 그날 이후부터 그는 결코 눈을 들지 않고 땅만 바라보고 걸었다. 그 결과 여러 해가 지나자 그에게는 2만 9516개의 단추와 5만 4172개의 바늘, 1센트짜리 동전 12개, 구부러진 등뼈와 인색한 성격만 남았다. 그리고 눈부신 햇살과 빛나는 별, 친구들의 얼굴에 가득한 미소, 봄에 핀 꽃들을 보지 못했다. 그의 눈은 그저 길가의 하수구에만 향해 있었기 때문이다. 결국 길에 떨어진 돈이 많다는 자신의 신념 탓에 정작 삶에서 소중한 것들을 외면하며 산 것이다(이 이야기는 영국 성공회 목사 존 스토트의 설교 내용을 인용한 것이다).

이처럼 신념은 인간이 무엇인가를 향해 전진하게도 하지만 그 때문에 무엇인가를 놓치게도 하는 양날의 칼이다. 신념이 집단화되면 '이데올로기'라고 부른다. 이데올로기는 사회 집단에서 사상, 행동, 생활 방법을 '근본적으로 제약하고 있는' 관념이나 신조 체계를 말한다. 이데올로기는 '근본적으로 제약'하는 생각 체계이기에 굉장히 맹목적이고 위험할 수 있다. 가령 우리는 자본주의라는 이데올로기 속에서 살고 있다. 자본이 주인이라는 관념 체계를 받아들이면서 자본(돈)은 우리의 삶을 근본적으로 제약하게 되었다. 그러니 대부분 사람이 맹목적으로 돈을 좇을 수밖에 없다. 자본, 즉 돈이 주인이기에 인간은 주변으로 밀려나고 만다.

그렇다면 우리는 신념이나 이데올로기를 가지지 말아야 할까? 그러고 싶어도 그건 거의 불가능한 일이다. 생각의 체계가 곧 신념이기 때문이다. 자본주의 체제 속에 살면서 돈이라는 이데올로기를 벗어버리기란 대단히 어렵다. 누구나 돈을 벌어야 한다. 중요한 것은 '수단의 정당성'이다. 돈을 추구하더라도 정당성의 범위 내에서 추구해야 한다는 말이다. 이때 '정당성'이란 합법적인 방법만을 뜻하는 것은 아니다. 독일 철학자 막스 호르크하이머가 《도구적 이성 비판》에서 주장했듯이, 수단의 정당성은 "목표에 도달하기 위한 절차적 방법의 적합성"에서 주어진다. 다시 말해 수단의 정당성은 동시에 두 가지 요소가 필요하다. 첫째, 목표에 도달할 것. 둘째, 그 절차적 방법이 적합할 것.

우리는 종종 무엇인가를 추구하다가 정작 목표나 목적을 잃어버린다. 우리의 이데올로기인 '돈벌이'가 대표적인 예다. 돈벌이란 원래 '가정에 필요한 것을 제공한다'는 목적을 위한 수단일 뿐이다. 그렇기에 돈벌이의 정당성은 그것의 목적인 '가정의 행복'에 의해 제한받아야 한다. 그런데 어떤 사람은 돈벌이 자체가 목적인 것처럼 방법을 가리지 않고 거기에 매달린다. 그렇게 돈벌이에만 몰두하다가 건강을 해치거나 가족에게 소홀해져 원래의 목적인 가정의 행복을 깨트린다. 수단에 의해 목적이 왜곡되어 결국 수단의 정당성을 확보하지 못한 것이다.

신념이나 이데올로기는 '폐쇄적'일 뿐만 아니라, 본래의 목적을 훼손한다는 의미에서 '자기 파괴적'이기도 하다. 그러나 앞서 말했듯 신념이나 이데올로기를 갖지 않을 수 없으므로 '수단의 정당성'이 훼손되지 않는 범위 안에서만 가져야 한다. 또한 이데올로기는 절대적 관념이 아니다. 역사적, 사회적 상황을 반영한 사상과 의식 체계일 뿐이다. 따라서 절대적이지도, 영원하지도 않다는 생각을 지니는 것이 중요하다.

니체의 주장처럼 때로는 신념이나 이데올로기가 거짓말보다 더 위험한 진리의 적이 되기도 한다. 오늘 니체의 말을 거울삼아 나의 신념들을 다시 한번 돌아보는 것은 어떨까? 혹시 그 신념 때문에 가장 중요한 무언가를 놓치고 있는 것은 아닌지 말이다.

The Art of Living 07.

타인에 대한 배려가
자신에 대한 배려에
우선하도록 해서는 안 된다.
자신에 대한 배려가
도덕적으로 우선하는 것이다

미셸 푸코
Michel Foucault, 1926~1984

어느 금요일 밤 11시, 한 남자가 전철을 타기 위해 지하철역으로 갔다. 밤늦은 시간이라서 역사에는 사람이 거의 없어 한산했다. 지하 계단을 내려간 남자는 선로에 떨어져 쓰러져 있는 취객을 발견했다. 마침 그때, 100여 미터 앞에서 지하철이 역사로 들어오고 있었다. 남자가 아무런 조치를 하지 않는다면 취객은 열차에 치여 죽을 것이 뻔하다. 반면 남자가 선로로 뛰어들어 취객을 끌어낸다면 취객의 생명을 구할 수 있다. 하지만 잘못되면 취객을 구하려던 남자의 목숨도 위험해진다. 상황을 좀 더 극적으로 만들기 위해서 후자의 상황에서 남자가 죽을 가능성이 아주 높다고 가정해보자.

만약 위와 같은 상황이라면 남자는 곧바로 선로로 뛰어들어 취객을 구하는 것이 옳을까, 아니면 그대로 두는 편이 옳을까? 판단은 개인의 몫이며 사람마다 선택도 다를 것이다. 그렇다면 달리 물어보자. 위 상황에서 전자의 선택, 다시 말해 자신의 안위를 걱정하느라 위험에 처한 취객을 보고서도 아무런 조치도 취하지 않은 사람에게 우리는 책임을 물을 수 있을까? 법적으로 따져보면 남자에게는 아무런 책임이 없다. 그렇다면 도의적인 책임은 없을까? 마찬가지로 도의적인 책임도 물을 수 없다. 자신의 목숨을 잃을 가능성이 높은 상황에서는 선로로 뛰어들지 않는 것이 올바른 선택이기 때문이다.

"너무 이기적이지 않은가?"라고 반문하고 싶을 수도 있다. 그렇다면 우리 자신에게 한번 물어보자. 만약 내 자녀가 위와 같은 상황에 놓였다면 위험을 무릅쓰고서라도 선로에 뛰어들어 취객을 구하라고 말할까? 대부분 부모는 그러지 않을 것이다. 물론 이 상황에서의 선택에 정답은 없다. 개인의 가치판단 문제일 뿐이다. 아주 단순화시킨다면 이 상황에서 두 선택의 차이는 타인을 먼저 생각하는지, 자신을 먼저 생각하는지의 차이다. 윤리적인 측면으로 성급하게 몰기보다는 철학적 논의의 소재로 삼아서 이야기를 전개해보자.

성선설을 주장한 맹자는 인간의 본성을 기본적으로 선한 것으로 보았다. 그는 타인을 돕고 싶어 하는 마음, 즉 이타심利他心을 인간이라면 누구나 가진 본성이라고 보았다. 또한 인간이라면 누구나 고통에 빠진 타인을 측은히 여기는 동정심, 즉 측은지심惻隱之心과 같은 선한 마음을 '선천적先天的으로' 가지고 있다고 보았다. '선천적'이라는 말은 태어날 때부터 이미 갖고 있던 것이라는 뜻으로 우리의 의지나 노력 없이 자연적으로 발현되는 것이다. 마치 우리가 불쌍한 사람을 목격하면 저절로 돕고 싶은 마음이 생기는 것처럼.

한편 인간에게는 맹자의 주장처럼 이타심만 있는 것이 아니다. 타인을 돕고 싶어 하는 마음과 함께 자기 자신을 먼저 위하는 마음도 있다. 자신을 먼저 위하는 마음을 이타심과 반대되는 의미로 '이기심利己心'이라고 부른다. 이기심은 말 그대로 '자신을 이롭게 하는 마음'이다. 흔히 사람들은 이타심은 선한 마음이고, 이기심은 선하지 못한 마음이라고 보는 경향이 있다. 그러나 그 둘은 위하는 대상이 다를 뿐, 누군가를 이롭게 한다는 관점에서 보면 본성은 동일하다. 그런 의미에서 '이기심'은 자기를 사랑하는 마음, 즉 '자기애自己愛'라고 불러도 크게 틀리지 않다.

그렇다면 자기애는 어떤 마음일까? 정신분석학에서는 '나르시시즘Narcissism'이라고 표현한다. 나르시시즘은 그리스 신화에서 호수에 비친 자기 모습을 사랑하며 그리워하다가 물에 빠져 죽은 나르키소스Narcissos라는 소년의 이름에서 유래했다. 정신분석학의 창시자인 프로이트가 이 말을 사용하면서 널리 알려졌다. 프로이트는 나르시시즘을 자아의 중요성이 너무 강조되어 자신을 지나치게 사랑하게 된, 일종의 인격 장애로 보았다. 자기에 대한 사랑이 지나치면 타인과 원만한 관계를 맺는 데 어려움을 겪을 수 있기 때문이다.

일반적으로 사람들은 이기심보다는 이타심을 선한 본성으로 보고 우선시한다. 하지만 정말 이타심이 더 선한 본성일까? 인간이라면 누구나 '이타심'과 '이기심'을 동시에 가지고 있다. 하지만 둘 중에서 어떤 마음을 더 중요시해야 할까? 프랑스의 구조주의 철학자 미셸 푸코라면 이타심보다는 이기심이 더 중요하다고 말할 것이다. 먼저 그의 주장을 들어보자.

> 우리는 타인에 대한 배려가 자신에 대한 배려에 우선하도록 해서는 안 된다. 자신에 대한 배려가 도덕적으로 우선하는 것이

다. 왜냐하면 자신에 대한 관계에 존재론적 우선권이 있기 때문이다. — 미셸 푸코, 1984년 인터뷰에서

그에 의하면 타인을 위하는 마음(배려)보다는 자신을 위하는 마음(배려)이 더 우선되는 본성이며 도덕적이다. 인간 존재에게는 타인보다 자신과의 관계가 본질적으로 더 중요하기 때문이다. 타인보다는 자신을 우선해야 한다는 푸코의 말에 언뜻 동의하기 어려울 수도 있다. 그러나 그의 주장은 우리가 선택의 순간에 처했을 때 매우 중요한 가치판단의 기준이 되어준다.

예를 들어 항상 자식을 위해서 희생하는 아버지가 있다고 치자. 아버지의 가장 큰 바람은 자식이 잘되는 것이다. 아버지는 자식을 위해 모든 것을 희생하며 살았다. 자식을 위하느라 정작 자신을 위한 일은 전혀 하지 않았다. 아버지의 헌신과 희생 덕분인지 자식은 잘 성장했다. 아버지는 비록 힘들게 살았지만, 자식이 잘 성장한 것으로 위안을 삼았다.

우리는 위의 아버지와 같은 삶을 어떻게 보아야 할까? 자식을 위해 자신을 희생한 아버지는 올바른 삶을 살았다고 볼 수 있을까? 전혀 그렇지 않다. 생각해보자. 할아버지는 아버지가 자신을 희생해가면서 아들을 위해 살기를 원했을까? 반대로 자식이 부모가 되었을 때, 그(자식)도 자기 자식을 위해서 희생해야 할까? 만약 모든 부모가 자식을 위해서 희생해야 한다면 인류는 항상 희생만 하면서 살아야 한다는 결론에 이른다. 그렇지 않은가? 물론 자식을 위하는

부모의 마음을 깎아내리고 싶은 생각은 없다. 자식을 위하느라 정작 자신의 삶은 돌보지 않는 태도를 지적하는 것이다.

물론 타인을 배제하고 항상 자신만을 위한다면 그것도 옳은 일은 아니다. 잊지 말아야 할 점은 자신을 사랑하는 마음이 없으면 타인을 사랑하는 마음도 가질 수 없다는 것이다. 자기 자신을 사랑하지 않으면 올바른 삶을 살 수가 없고, 올바른 삶을 살지 못하는 사람은 타인을 돕고자 해도 도울 수가 없다. 이것은 태도의 문제가 아니라 능력의 문제다. 자신을 돌보지 않고 자식만을 위해 사는 아버지는 언제까지 자식을 위해 살 수 있을까? 장담할 수 없다. 만약 자신을 돌보지 않았던 아버지가 실직하거나 건강을 잃는다면 자신의 기대만큼 자식을 위할 수도 없다. 타인을 돕는 행위도 능력이 있어야 가능한 법이다. 그러므로 자기를 우선시하는 마음을 가지는 태도는 결코 잘못이거나 비도덕적인 게 아니다. 오히려 자신을 위하지 않으면서 타인을 먼저 위하는 태도가 위선이자 기만일 수 있다.

앞서 이야기했던 지하철 사례로 돌아가 보자. 아무런 조치를 하지 않아서 선로에 쓰러진 취객에게 불행한 일이 발생하면 남자는 어느 정도 죄책감에 휩싸일 수 있다. 그렇다고 해서 그 반대의 행위가 정당화되지는 않는다. 만약 취객을 구하려다가 자신의 목숨을 잃으면 더 심각한 결과를 낳는다. 인류애나 고귀한 희생 등을 운운하면서 포장할 일도 아니다. 이미 죽은 뒤에 그러한 찬사가 무슨 의미가 있겠는가? 이타심의 관점으로 해석해도 결론은 마찬가지다. 가족의 처지에서 한번 생각해보자. 그 남자의 가족은 그러한 희생에 찬사를 보낼까? 전혀 그러지 않을 것이다. 그의 행동은 일면식도 없는 취객을 위하느라 정작 자신의 가족을 전혀 배려하지 않은, 사려 깊지 못한 행동일 뿐이다.

에리히 프롬은 '자기애Self-love'와 '이기주의Selfishness'를 구분하면서 다음과 같이 말했다. "이기주의자가 타인을 사랑하지 않는다는 것은 사실이다. 그러나 그는 자신마저도 사랑하지 못하는 것이다." 에리히 프롬도 이기주의를 부정한다. 하지만 그가 이기주의를 부정하는 이유는 이기주의자가 타인을 사랑하지 않기 때문이 아니라 그가 자신마저도 사랑하지 않기 때문이다. 그래서 그는 자신을 사랑하는 마음, 즉 자기애를 중시했다.

타인과 더불어 사는 사회에서 타인을 위하고 배려하는 마음은 당연히 필요하다. 하지만 그것보다 자신을 위하고 사랑하는 마음이 더욱 중요하다. 타인을 사랑하기에 앞서 자신을 먼저 사랑해야 한다. 자신을 사랑하는 사람만이 타인도 사랑할 수 있는 법이다.

sad chair #3

타인에 대한 배려보다
자신에 대한 배려가 우선해야 한다.
그것이 더욱 도덕적인 것이다.

The Art of Living 08.

무소의 뿔처럼
혼자서 가라

고타마 싯다르타
Gautama Siddhārtha, B.C 563?~B.C. 483?

홍길동 씨는 흔히 말하는 '인복人福'이 많은 사람이다. 그는 처음 입사한 부서에서 운 좋게도 실력이 뛰어나고 인간적인 선배를 만났다. 선배는 홍길동 씨에게 업무도 잘 가르쳐주었을 뿐만 아니라 문제가 생겼을 때에는 항상 든든한 보호막이 되어주었다. 선배 덕분에 홍길동 씨는 큰 어려움 없이 직장생활을 할 수 있었다. 그는 좋은 선배를 만난 것을 항상 감사하게 생각했으며, 그 선배와 영원히 직장생활을 함께하기로 마음먹었다. 그런데 생각지도 못한 일이 벌어졌다. 선배가 스카우트 제의를 받고 다른 회사로 이직한 것이다. 홍길동 씨는 영원히 함께하며 든든한 지원군이 되어줄 것이라고 믿었던 선배가 갑자기 떠난다고 생각하니 눈앞이 깜깜해졌다. 그는 "이제 직장생활을 어떻게 하란 말인가?" 하고 탄식했다. 믿고 의지하던 선배의 이직으로 괴로워하는 홍길동 씨에게는 어떤 위로의 말을 해주는 것이 좋을까?

> 버리고 비우는 일은 결코 소극적인 삶이 아니라 지혜로운 삶의 선택이다. 버리고 비우지 않고는 새것이 들어설 수 없다.
>
> ― 법정, 《버리고 떠나기》

무소유의 삶을 몸소 실천하며 평생을 사셨던 법정 스님의 말이다. 법정은 자신의 철학처럼 속세를 떠나 산속에서 홀로 오두막을 짓고 살았다. 홀로 사는 그에게도 게으름과 권태는 쉽게 떨칠 수 없는 본능이었나 보다. 그는 자신의 생각과 행동을 바르게 다스리기 위해서 거처인 오두막 벽에 다음과 같은 부처의 유명한 가르침을 적어 두었다고 한다.

> 홀로 행하고 게으르지 말며, 비난과 칭찬에도 흔들리지 말라.
> 소리에 놀라지 않는 사자처럼, 그물에 걸리지 않는 바람처럼,
> 진흙에 더럽히지 않는 연꽃처럼 무소의 뿔처럼 혼자서 가라.

법정은 이 글이 눈에 들어올 때마다 두런두런 외웠는데, 그러면 속이 한층 깊어졌단다. 이 글귀를 접할 때마다 "아무렇게나 함부로 지낼 수 없다. 등 뒤에서 누군가 나를 지켜보고 있는 것 같다"고 고백하기도 했다. 마치 부처가 자신을 지켜보고 있는 듯한 느낌이 들었다는 것이다. 수천 년 전에 살았던 한 성인의 말씀이 오늘날 법정과 같은 위인偉人에게도 큰 가르침을 주는 것을 보면, 부처에게는 뭐라고 표현하기 어려운 오라Aura가 있는 것 같다.

"무소의 뿔처럼 혼자서 가라." 이 문장은 최초의 불교 경전인 《숫타니파타》에 나오는 경구다(법정이 이 경전을 우리말로 옮겼다). 부처가 임종하기 직전에 제자들이 "선생님께서 돌아가시면 저희는 어떻게 합니까?" 하고 묻자, 부처는 "무소의 뿔처럼 혼자서 가라"는 말로

답했다고 전해진다. 이제 더는 스승의 길을 따르려 하지 말고 혼자의 힘으로 자신만의 길을 가라는 의미다. 더는 부처가 없는 세상에서 수행 중 다양한 어려움을 겪을 수행자들이 가져야 할 마음가짐을 가르친 것이다.

《숫타니파타》는 제자들이 부처의 가르침을 암송하기 쉽도록 운문 형태로 기술되어 있으며 문장마다 마지막에는 "무소의 뿔처럼 혼자서 가라"는 후렴이 붙어 있다. 부처는 책에서 다양한 상황과 비유를 들어가며 이 말을 사용하고 있기 때문에 여러 가지 해석이 가능한 것이 특징이다. 가령 수행에 전념하라는 의미로는 제자들에게 다음과 같이 가르쳤다.

> 최고의 목적에 도달하기 위해 노력 정진하고, 마음의 안일을 물리치고 수행에 게으르지 말며, 용맹 정진하여 몸의 힘과 지혜의 힘을 갖추고, 무소의 뿔처럼 혼자서 가라.
> — 법정 옮김, 《숫타니파타》

한편 욕망 등으로 괴로워하는 제자에게는 고기와 그물의 비유를 들면서 번뇌에서 벗어날 것을 가르쳤다.

> 물속의 고기가 그물을 찢듯이 한 번 불타버린 곳에는 다시 불이 붙지 않듯이 모든 번뇌의 매듭을 끊어버리고 무소의 뿔처럼 혼자서 가라. — 법정 옮김, 《숫타니파타》

또 어떠한 세상사에도 혹하지 말고 묵묵히 자신의 길을 걸어가라는 의미로 사자, 바람, 연꽃을 비유로 들며 다음과 같이 가르쳤다(이 문구가 가장 잘 알려진 글귀이기도 하다).

> 소리에 놀라지 않는 사자와 같이 그물에 걸리지 않는 바람과 같이 흙탕물에 더럽히지 않는 연꽃과 같이 무소의 뿔처럼 혼자서 가라. ─ 법정 옮김, 《숫타니파타》

"무소의 뿔처럼 혼자서 가라"는 부처의 마지막 말은 지금도 많은 사람에게서 인용되고 있다. 소설가 공지영은 부처의 이 말을 제목으로 책을 펴냈다(《무소의 뿔처럼 혼자서 가라》, 오픈하우스). 그녀는 이 책에서 여성에 대한 환상과 편견 때문에 혼란과 고통을 겪고 있는 여성의 안쓰러움을 드러내면서 "무소의 뿔처럼 혼자서 가라"는 말로 자신의 삶을 살아낼 것을 역설했다. 철학자 고미숙은 영화 〈황진이〉에 대한 평론에서 사랑도 "무소의 뿔처럼 혼자서 가라"고 주장했다. 사랑이란 타인의 욕망에 갇히는 게 아니라는 것, 홀로 설 수 있는 자만이 누군가를 사랑할 수 있다는 것, 그러니 누구든 사랑의 화신이 되기를 원한다면 무소의 뿔처럼 혼자서 가라는 것이다. 이처럼 오래전 부처가 남긴 "무소의 뿔처럼 혼자서 가라"는 말은 자신만의 삶을 살아가고자 하는 사람에게 지금도 유효한 가르침이다.

다시 처음의 사례로 돌아가 보자. 믿고 따르던 선배가 떠나게 되어 실망한 홍길동 씨에게는 어떤 위로의 말을 건네는 것이 좋을까? 부처가 돌아가시기 직전에 제자들에게 남긴 말을 그대로 전해 주는 것이 좋지 않을까? "무소의 뿔처럼 혼자서 가라"고 말이다. 그렇다. 회사라는 조직 안에서 생활하면서 마음에 드는 사람하고만 영원히 함께하기를 기대하는 것은 지나친 바람이다. 그 선배에게도 자신만의 길이 있다. 또한 영원히 선배의 가르침과 돌봄 안에서만 살아갈 수는 없다. 언젠가는 선배의 그늘에서 벗어나 자신의 길을 가야 한다. 선배가 없으면 어떻게 직장생활을 해야 할지 걱정된다는 것 자체가 자신의 미숙함을 드러내는 것일 뿐이다. 오히려 혼자만의 힘으로 스스로 살아갈 기회가 왔다고 마음먹는 것이 더 좋다.

무려 2500년 전에 부처가 "무소의 뿔처럼 혼자서 가라"고 가르쳤던 경구가 현대를 살아가는 우리에게도 여전히 가슴에 아로새겨지는 이유는 무엇일까? 대다수 사람이 무소의 뿔처럼 혼자서 가지 못하기 때문은 아닐까? 어떤 한 사람의 한평생이란 그가 일생 걸어간 길을 말한다. 그러나 과연 그 길을 자기 스스로 걸어간 사람이 몇이나 될까? 주위를 둘러보면 자기 뜻보다는 타인의 기대에 맞춰 살아가는 사람이 많다. 부모의 기대, 상사의 기대, 어떤 이는 배우자의 기대에 맞추어 살아간다. 자신이 원하는 삶은 포기한 채 말이다.

혹시 누군가가 이렇게 반문할지도 모르겠다. "잘살기만 하면 되지, 누구의 기대에 맞춰 사는 게 뭐가 나빠?"라고 말이다. 물론 어찌 되었든 '잘사는 것'은 중요하다. 하지만 잘산다는 기준이 자신이 세운 경우라야 의미가 있지, 타인이 세운 기준이라면 이야기가 달라진다.

자신의 뜻대로 살아야 할 이유가 한 가지 더 있다. 우리는 타인의 기대대로만 살아가는 삶에서 열정이나 즐거움을 느끼기 어렵다. 열정이나 즐거움이라는 감정은 자신이 선택한 삶을 사는 경우에만 그 싹을 피운다. 남들이 부러워할 만한 직업이나 지위를 가졌다고 할지라도 그것이 자신이 선택한 삶이 아니라면 열정도, 즐거움도 샘솟지 않는다. 옛 속담에 "평안감사도 제 하기 싫으면 그만"이라는 말이 있듯이 자신이 선택하지 않은 삶이라면 어떤 경우에도 만족감을 느끼기가 어렵다.

우리 자신에게 질문 하나 해보자. 지금 나는 진정으로 원하는 삶을 살아가고 있는가? 혹시 누군가의 부모로서, 누군가의 남편으로서, 누군가의 자식으로서, 누군가의 직원으로서, 누군가의 국민으로서 살아가고 있는 것은 아닌가? 그 누군가의 기대 때문에 원치 않았던 일을 하고 있거나 원했던 것을 포기한 적은 없는가? 만약 자신의 삶에서 타인의 시선이 더 크게 느껴진다면 지금 당장 부처의 가르침을 가슴에 새겨야 한다.

"무소의 뿔처럼 혼자서 가라! 소리에 놀라지 않는 사자처럼. 그물에 걸리지 않는 바람처럼."

sad chair #4

홀로 행하고 게으르지 말며,
비난과 칭찬에도 흔들리지 말라.
진흙에 더럽히지 않는 연꽃처럼
무소의 뿔처럼 혼자서 가라.

The Art of Living 09.

새는 알에서
나오려고 투쟁한다

헤르만 헤세
Hermann Hesse, 1877~1962

3대째 같은 장소에서 음식점을 운영하는 홍길동 씨. 수십 년 동안 대를 이어 장사하다 보니 음식점은 항상 손님들로 넘쳐난다. 그런데 홍길동 씨에게는 고민이 하나 있다. 하나뿐인 아들 녀석이 가게를 이어받을 생각을 하지 않기 때문이다. 아들은 음악을 하고 싶어 고민한다. 하지만 아버지가 보기에 아들의 고민은 선뜻 이해되지 않는다. 가게를 물려받기만 하면 먹고사는 데는 별문제가 없기 때문이다. 그간 쌓아온 전통 때문에 웬만하면 장사도 잘될 것이고, 돈도 남부럽지 않게 벌 수 있다. 반면 음악을 하면 그것으로 성공한다는 보장도 없고, 음악만 해서 밥 벌어 먹고살기가 쉽지 않은 것도 현실이다. 아버지는 안전한 길을 두고 굳이 위험한 길을 가려는 아들이 안타깝기만 하다.

만약 내가 위 이야기에 나오는 아들이라면 어떤 선택을 할까? 나는 안전한 길을 선택할까, 아니면 불확실하더라도 자신이 원하는 길을 선택할까? 물론 개인마다 선택이 다를 것이다. 그렇다면 어떤 것이 올바른 선택이며 그 선택의 결과는 어떨까? 먼저 가문의 전통을 이어받아 장사를 선택한 경우를 생각해보자. 그는 대를 이어 음식점을 운영하기로 했다. 가게의 손님은 여전히 많고 그래서 돈도 많이 벌 수 있다. 아마도 그가 장사하는 동안 경제적으로는 별다른 어려움 없이 살 수 있을 것이다. 반면 음악의 길을 선택한 경우는 어떨까? 이 길은 일단 안전하지가 않다. 성공한다는 보장도 없을뿐더러 성공한 사람도 그리 많지 않다. 만약 성공하지 못한다면 그는 경제적으로 몹시 빈곤해질 가능성이 높다. 다행히 음악으로 성공한다면 자신이 좋아하는 음악을 하면서 경제적으로도 여유 있는 삶을 살 수 있을 것이다.

두 가지 중에서 어떤 길을 선택하는 것이 현명할까? 단정적으로 잘라 말하기는 어렵다. 장사를 선택한 길은 안전하지만 자신이 원하는 것을 포기해야 한다. 음악을 선택한 길은 자신이 원하는 일을 하지만 안전함을 포기해야 한다. 일반적으로 사람들은 자신의 자녀에게 어떤 선택을 하라고 조언할까? 개인차가 있겠지만, 음악보다는 가문의 전통을 잇는 것이 더 현명하다고 말하는 사람이 많을 것이다. 우리는 대체로 선택 앞에서 안전함을 우선으로 생각하는 경향이 있다. 잘못되었을 때의 위험이 너무 크다면 될 수 있는 대로 그 길을 피하려고 한다.

그렇다면 안전함을 기준으로 한 선택은 항상 현명할까? 결론부터 말하자면 전혀 그렇지 않다. 이 대목에서 우리는 독일 소설가 헤르만 헤세의 《데미안》을 다시 읽어볼 필요가 있다. 《데미안》은 에밀 싱클레어라는 소년의 내적 성장을 그린 작품인데, 이 소설은 "내 속에서 솟아나오려는 것, 바로 그것을 나는 살아보려고 했다. 왜 그것이 그토록 어려웠을까"라는 말로 시작한다. 헤세는 이 소설에서

"한 사람 한 사람의 삶은 자기 자신에게로 이르는 길"이며, 누구나 자신의 목표를 향해 노력하는 소중한 존재임을 상기시킨다. 소설의 중심주제인 '자기 자신에게로 이르는 길'은 자신 안에 숨겨져 있는 비밀을 알아내고, 그 껍질을 벗겨 진정한 자신의 본성으로 돌아가는 것을 의미한다. 헤세는 그 길을 '자기실현'이라고 불렀다.

자기실현, 다시 말해 자신에게로 이르는 길을 찾기 위해서는 어떻게 해야 할까? 그 방법은 바로 기존의 규범을 벗어나는 것에서부터 시작된다. 다음은 《데미안》에서 가장 유명한 문구다.

> 새는 알에서 나오려고 투쟁한다. 알은 세계이다. 태어나려는 자는 하나의 세계를 깨뜨려야 한다. — 헤르만 헤세, 《데미안》

결국 자신을 찾아가는 길은 기존의 규범, 즉 알을 깨어야만 가능한 일이다. 에밀 싱크레어는 자기 자신에게 이르기 위해서 아버지, 집, 종교, 도덕 등 기존 규범들의 속박에 괴로워하면서도 그것들을 점검한다. 그 속박들은 투쟁을 통해 벗어나야 할 대상이다. 투쟁을 통해 그 속박에서 벗어나야만 자신에게 이를 수 있으며 자기실현을 이루어낼 수 있다.

알에서 나오기 위해, 자기실현을 이루기 위해 기존의 규범과 투쟁하라고 말하는 헤세는 왜 그처럼 혁명적인 주장을 했을까? 그는 우리의 삶이 매우 소중하고 특별하며, 단 한 번밖에 살아갈 수 없기에 그렇게 주장했다.

> 한 사람 한 사람은 그저 그 자신일 뿐만 아니라 일회적이고, 아주 특별하고, 어떤 경우에도 중요하며 주목할 만한 존재다. 세계의 여러 현상이 그곳에서 오직 한 번 서로 교차하며, 다시 반복되는 일은 없는 하나의 점點인 것이다. — 헤르만 헤세, 《데미안》

헤세는 삶이 반복된다는 윤회설을 부정한다. 한 사람 한 사람의 삶이 다시는 반복되지 않는 '일회적' 성격을 띤다는 것이다. 사실 우리의 삶이 반복되지 않고 단 한 번뿐이라는 지적은 매우 중요한 의미를 지닌다. 그러한 생각이 현재의 삶을 충실히 살아가야 할 이유가 되기 때문이다. 지금 내가 사는 삶은 1000년 전에도, 100년 전에도 존재하지 않았으며 100년 후에도, 1000년 후에도 존재하지 않을 단 한 번의 기회다. 그렇기에 사람은 누구나 자신의 현재 삶에 충실해야 하며 자기 자신으로 살아야 한다.

다시 처음으로 돌아가 보자. 가문의 전통을 물려받을 것인가, 자신이 좋아하는 음악을 할 것인가로 고민하고 있는 아들은 어떤 선택을 해야 할까? 헤세의 주장대로라면 자신이 좋아하는 음악의 길을 선택해야 한다. 그 길이 바로 "내 속에서 솟아나오려고 하는 것"이며 내면의 소리이기 때문이다. 그런데 아버지는 음악의 길을 가기로 마음먹은 아들의 선택을 존중해줄까? 아마 그러지 않을 것이다. 아버지는 아들이 가문의 전통을 잇지 못한 것이나 고생스러울 게 뻔한 불안전한 길을 선택한 것이 불만스러울 것이다. 따라서 아들의 선택을 반대할 가능성이 높다. 그럴 때 아들은 어떻게 해야 할까?

별다른 도리가 없다. 투쟁해야 한다. 새가 알에서 나오기 위해서 투쟁하듯이 아들도 투쟁해서 자신으로 사는 삶을 획득해야 한다.

　투쟁을 통해 음악의 길을 가기로 선택한 아들은 이제 자신의 본성대로 살게 되었다. 아들은 앞으로의 삶을 편안하게 살아갈 수 있을까? 불행히도 현실의 삶은 본성대로 살기엔 한없이 팍팍하다. 아들이 선택한 길에는 더 큰 고통과 절망이 기다리고 있을 것이다. 그렇다면 혹시 애초의 선택이 잘못된 것은 아닐까? 너무 실망하지 말자. 자신에게 이르는 길을 가면서 어려움을 겪는 사람들을 위해 헤세는 에바 부인의 말을 빌려 다음과 같이 위로한다.

> 그건 늘 어려워요, 태어나는 것은요. 아시죠, 새는 알에서 나오려고 애를 쓰지요. 돌이켜 생각해보세요, 그 길이 그렇게 어렵기만 했나요? 아름답지는 않았나요? 혹시 더 아름답고 더 쉬운 길을 알았던가요? ― 헤르만 헤세, 《데미안》

　자신에게 이르는 길은 쉽지 않다. 곳곳에 절망과 고통이 도사리고 있기 때문이다. 하지만 그렇다고 어렵기만 한 것은 아니다. 한편으로 그 길은 아름답다. 잘 닦인 포장도로보다 구불구불한 오솔길이 더 아름답듯이, 절망과 고통이 있더라도 자신에게 이르는 어려운 길을 선택한 사람의 삶이 특별히 더 아름답다.

　소설에서 주인공 싱클레어도 절망과 고통을 통해 비로소 자기실현을 완성해냈다. 헤세는 우리에게 절망과 고통 때문에 자기실현의 길을 두려워하거나 포기해서는 안 된다고 당부한다. 그리고 동시에 위로의 말도 잊지 않았다. "신이 우리에게 절망을 보내는 것은 우리를 죽이기 위해서가 아니라, 우리에게 새로운 생명을 불러일으키기 위해서이다."

헤세의 주장에 동의한다면 이제 우리도 투쟁해야 한다. 새가 알에서 나오려고 힘겨운 투쟁을 벌이듯이, 힘들고 어렵더라도 자기 자신으로 살기 위해 노력해야 한다.

sad chair #5

내가 사는 삶은 그 어떤 과거에도 없었고,
그 어떤 미래에도 없을 단 한 번의 기회다.
그렇기에 우리는 현재에 충실해야 하며
자기 자신으로 살아야 한다.

The Art of Living 10.

모든 심오한 존재는
가면 쓰기를 즐긴다

프리드리히 니체
Friedrich Wilhelm Nietzsche, 1844~1900

독일의 뛰어난 정치학자이자 경제학자인 마르크스가 가장 싫어했던 것이 무엇인지 아는가? 바로 '노예근성'이란다. 그는 세 딸과 '고백게임'을 즐겼다고 한다. 그의 딸들은 아버지를 불러 심문했고, 마르크스는 다음과 같이 대답했다고 한다.

1) 당신이 가장 좋아하는 미덕은? "단순함."
2) 당신이 생각하는 행복이란? "싸우는 것."
3) 당신이 생각하는 불행이란? "굴복하는 것."
4) 당신이 가장 혐오하는 악덕은? "노예근성."
5) 당신이 가장 좋아하는 일은? "책에 파묻히기."
6) 당신이 가장 좋아하는 경구는? "인간적인 것 가운데 나와 무관한 것은 없다."
7) 당신이 가장 좋아하는 좌우명은? "모든 것은 의심해보아야 한다."

— 프랜시스 윈, 《마르크스 평전》

'진실게임'이라는 게 있다. 이 게임은 상대방이 궁금해하는 사실에 대해서 솔직하게 말하도록 강제하는 놀이다. 한마디로 '고백告白 게임'이다. 한자의 뜻을 풀면 '하얗게 말한다'는 뜻으로, 숨긴 일이나 생각한 바를 사실대로 솔직하게 말하는 것을 고백이라고 한다. 그런데 진실게임, 즉 고백게임이 존재하는 이유는 무엇일까? 사람들이 평소 자신의 생각을 솔직하게 말하지 않아서가 아닐까? 아마도 그럴 것이다. 만약 모든 사람이 늘 솔직하게 말한다면 굳이 고백게임을 할 필요가 없을 것이다.

그렇다면 자신의 속마음을 숨김없이 고백하는 게 항상 올바를까? 꼭 그렇지만은 않다. 맞선에서 처음 만난 남녀가 상대방에게 자신의 속마음을 숨김없이 있는 그대로 말한다고 치자. 가령 남성은 상대 여성이 마음에 들었다. 그래서 자신의 속마음을 솔직하게 말한다. "당신이 마음에 드니 어서 빨리 사랑을 나눕시다." 남성의 솔직한 고백을 들은 여성은 어떤 반응을 보일까? 둘 사이는 좋은 관계로 발전할 수 있을까? 결과는 굳이 말하지 않더라도 쉽게 상상할 수 있을 것이다. 그렇다. 우리는 자신의 속마음을 숨김없이 말하면 상당한 위험이 뒤따른다는 사실을 경험으로 알고 있다.

알베르 카뮈의 소설 《이방인》에 나오는 주인공 뫼르소가 바로 그런 경우다. 뫼르소는 살인을 저지르고 재판을 받는다. 재판 과정에서 어머니를 양로원에 보낸 일, 어머니의 장례식에서 눈물을 흘리지 않은 일, 어머니의 시신 앞에서 커피를 마시며 담배를 피우고 잠을 잔 일, 장례식 다음 날 해수욕을 갔으며 거기서 만난 여인과 코미디 영화를 보고 섹스를 즐긴 일 등으로 검사에게 심문을 받는다.

뫼르소는 검사의 질문에 숨김없이 자신의 속마음을 고백했고, 결국 그 때문에 사형선고를 받는다. 그가 사형선고를 받은 이유는 살인을 저질러서가 아니라 자기 어머니를 매장했기 때문이다. 한마디로 그가 '패륜아'라고 밝혀졌기 때문에 사형 판결이 내려졌다. 만약 뫼르소가 재판에서 자신의 속마음을 조금이라도 숨겼다면 사형이라는 극형은 면할 수도 있었을 것이다.

카뮈가 뫼르소를 통해 우리에게 하고 싶은 말은 무엇이었을까? 카뮈는 이렇게 말했다. "우리 사회에서 자기 어머니의 장례식장에서 울지 않는 사람은 누구나 사형선고를 받을 위험이 있다."

뫼르소는 사회가 요구하는 통상적인 관례를 따르지 않았기 때문에 사형당했다. 무슨 관례인가? 어머니가 돌아가시면 자식 된 도리로서 슬퍼해야 한다는 관례다. 덧붙여 때로는 자신의 진짜 속마음을 숨기고 거짓 고백을 해야 한다는 관례. 뫼르소가 사형을 선고받은 이유는 바로 자신의 감정을 숨김없이, 진실하게 말했다는 데 있다. 이처럼 사회가 요구하는 진실이란 자신의 속마음을 있는 그대로 솔직하게 말하는 것이 아니다. 사회의 통상적인 기준을 고려하고 그에 맞춰 말하는 것을 의미한다. 카뮈는 이러한 현상을 '부조리'하다고 표현했다.

생각해보면 우리의 삶도 뫼르소와 별반 다르지 않다. 어느 날 자신의 삶에서 부조리한 지점을 인식했다면 과연 숨김없이 진실을 말할 수 있을까? 아마도 통상적인 관례에 맞출 가능성이 높다. 가령 어떤 여성이 새로 산 옷을 입고 나와서 애인인 남성에게 "나 오늘 어때?"라고 물었다고 치자. 이때 남성이 자신의 감정에 솔직한 채로 "응, 솔직히 좀 별로야"라고 말하면 둘의 관계는 어떻게 될까? 굳이 말하지 않아도 상상이 될 것이다. 그래서 대부분 남성은 애인에게 진실하게 표현하지 않는다. 이런 일은 연인 사이에서만 벌어지는 게 아니다. 직장에서도 무수히 발생한다. 직장 상사가 별로 마음에 들지 않아도 솔직하게 말하지 않는 편이 신상에 이롭다. 회식 자리에서 상사가 마이크를 붙잡고 노래를 부르면 자신의 실제 기분과 관계없이 매우 즐거운 표정을 지으며 분위기를 맞춰주어야 한다(경영학에서는 이를 '감정노동Emotional labor'이라고 부른다).

앞서 보았듯이 우리는 살면서 진실을 솔직하게 말하는 것이 오히려 자신에게 불이익이 된다는 사실을 경험으로 잘 알고 있다. 그러한 경험은 사람들이 자발적으로 사회적 요구에 맞춰 고백하게 하는 기제로 작용한다. 그런 의미에서 보자면 니체의 "모든 심오한 존재는 가면 쓰기를 즐긴다"라는 말은 일리가 있다. 그의 지적대로 어쩌면 인간은 누구나 자신이 가진 무의식의 욕망을 가면 속에 감추고 상대방에게 맞추면서 살아가는 존재인지도 모르겠다.

그렇다면 우리는 항상 자신의 욕망이나 감정을 감추고 살아야만 할까? 그렇지 않다. 다른 사람에게는 그렇게 하지 못하더라도 최소한 자기 자신에게는 솔직해야 한다. 타인과의 관계에서 통상적인 사회적 기준을 무시하면서 살 수는 없다. 하지만 자신에게만큼은 숨김이 없어야 한다. 자신이 '스스로 얼마나 솔직할 수 있는가'의 정도가 '내면의 건강함'의 기준이 된다. 자신에게 솔직할수록 내면이 건강하다. 반대로 내면이 건강한 사람만이 자신에게 솔직할 수 있다. 그뿐만 아니라 내면이 건강한 사람은 타인에게도 솔직할 수 있다.

내면이 건강한 사람은 능력이 부족하거나 도덕적으로 창피한 일을 했더라도 이를 솔직하게 인정한다. 그렇기에 그는 자신을 건강하게 가꾸기 위해서 더욱 노력하고 반성한다. 이러한 자정自淨 과정을 거쳐 그의 내면은 더욱 건강해진다. 반면 내면이 건강하지 못한 사람은 자신에게 정직하지 못하다(사르트르는 이를 '자기기만'이라고 표현했다). 그렇기에 그는 내면을 건강하게 만들 기회를 상실하고 만다. 또 그는 다른 사람에게도 자신의 내면을 솔직하게 드러내지 못한다. 생각해보라. 자신에게도 솔직하지 못한 사람이 어떻게 타인에게 내면을 드러낼 수 있겠는가? 자신의 얼굴을 보는 것도 두려워서 거울을 꺼리는 사람이 타인의 얼굴을 마주 볼 수는 없는 법이다.

타인과의 관계에서 가면을 잘 쓰는 것은 중요하다. 자신의 직업적 특성을 고려하여 전문성과 세련미가 돋보이게 외면을 치장하는 일도 필요하다. 어떤 측면에서 보면 상황에 맞는 가면을 잘 쓰는 것도 능력이다. 하지만 혼자 집에 있을 때는 가면을 벗을 수 있어야 한다. 퇴근 후 집으로 돌아오면 화장을 지우고 '맨얼굴'(표준어로는 '민얼굴'이지만 어감상 의미 전달이 더 정확하기에 맨얼굴로 표현했다)로 지내야 하는 것처럼 말이다. 모 화장품 회사의 광고 문구처럼 "화장은 하는 것도 중요하지만, 지우는 것이 더 중요하다." 따라서 가면을 잘 벗을 줄도 알아야 한다. 최소한 자기 자신에게만은 말이다.

가면을 잘 벗으려면 어떻게 해야 할까? 자신에게 솔직해지는 연습을 가끔 해보는 것도 한 가지 방법이다. 그런 의미에서 마르크스가 딸과 했던 고백게임을 자기 자신과 한번 해보자.

1) 당신이 가장 좋아하는 미덕은?
_____

2) 당신이 생각하는 행복이란?
_____

3) 당신이 생각하는 불행이란?
_____

4) 당신이 가장 혐오하는 악덕은?
_____

5) 당신이 가장 좋아하는 일은?
_____

6) 당신이 가장 좋아하는 경구는?
_____

7) 당신이 가장 좋아하는 좌우명은?
_____

sad chair #6

당신이 생각하는 행복이란?
"싸우는 것."
당신이 생각하는 불행이란?
"굴복하는 것."

The Art of Living 11.

자신을 아는 것이 신을 아는 것이다

쇠렌 키르케고르
Søren Aabye Kierkegaard, 1813~1855

유신론有神論적 실존주의 철학자로 잘 알려진 키르케고르는 이런 말을 했다. "자신을 아는 것이 신을 아는 것이다." 그는 인간이 절망하고 불안해하는 이유는 신을 떠나 신을 잃어버렸기 때문이라고 보았다. 그래서 불안이나 절망에서 탈피하는 방법으로 '자기 회복'의 길을 제시했다. 물론 그에게 자기 회복이란 신을 믿고 신앙의 길에 서는 것을 말한다. 그의 주장은 종교를 가지지 않은 사람이라면 쉽게 수긍하기가 어렵겠지만, 자신을 제대로 알게 됨으로써 자기 회복에 이르는 것 자체는 종교를 막론하고 누구에게나 중요한 일이다.

그렇다면 우리는 어떻게 자기 자신을 알 수 있을까? 간단한 방법이 하나 있다. 그것은 바로 거울에 자신을 비춰보는 것이다. 거울은 참 재미있는 물건이다. 빛의 반사작용으로 물체를 거짓 없이 비춰주기 때문이다. 아침이면 사람들은 출근 준비를 하면서 거울을 본다. 거울을 보면서 거울 속 자신의 얼굴과 외모를 확인하고, 혹시 엉망인 곳은 없는지 점검한다. 만약 거울이 없다면 어떻게 될까? 거울이 없다면 우리는 자신의 얼굴을 어떻게 알 수 있을까? 물론 사진을 찍어보면 알 수 있겠지만, 사진기도 없다면?

여기서 질문을 하나 해보겠다. 굴뚝청소부인 철수와 영수가 굴뚝 청소를 마치고 내려왔다. 철수는 얼굴이 더러웠고 영수는 얼굴이 깨끗했다. 둘 중 과연 누가 세수를 하게 될까? 정답은 영수다. 얼굴이 깨끗한 영수는 얼굴이 더러운 철수를 보고서 자신의 얼굴도 더러우리라고 생각한다. 반면 철수는 깨끗한 얼굴의 영수를 보면서 자신의 얼굴도 깨끗하다고 믿는다(이 이야기는 철학자 이진경의 《철학과 굴뚝청소부》라는 책에서 인용했다).

위 이야기에 나오는 굴뚝청소부는 거울을 가지고 있지 않다. 하지만 거울이 전혀 없는 것은 아니다. 눈에 비친 상대방의 모습에서 자신의 모습을 떠올리고 있으니, 이들에게는 상대방의 모습이 곧 자신의 거울인 셈이다. 이처럼 우리는 물리적인 거울이 없더라도 자신의 모습을 볼 수 있다. 정확성을 문제 삼지 않는다면 말이다.

종합해보면 인간에게는 두 가지의 거울이 주어져 있다. 출근하기 전에 화장실에서 보는 실제 거울과 굴뚝청소부가 상대를 보면서 자신을 떠올리는 가상의 거울이 바로 그것이다. 두 거울 중 어느 거울이 더 정확할까? 대부분 사람이 실제 거울이 더 정확하다고 생각할 것이다. 반드시 그럴까?

피카소가 그토록 뛰어넘고 싶어 했던 화가가 있다. 17세기 스페인 미술사에서 가장 중요한 화가이자, 펠리페 4세의 궁정 화가였던 디에고 벨라스케스가 바로 그 주인공이다. 벨라스케스는 자신의 작품 〈거울 보는 비너스〉에서 옷 벗은 여인의 뒷모습만 보여주고 있다. 여인의 얼굴이 궁금한데 직접 보여주지 않는다. 여인의 얼굴은 어떻게 생겼을까? 여인 앞에 거울이 있고, 그 거울 안에는 희미하게

나마 여인의 얼굴이 드러난다. 얼핏 보아 미인인 것 같다. 비너스는 옷을 벗고 침대에 비스듬히 누운 채 거울에 비친 자신의 얼굴을 보고 있다. 그런데 비너스는 거울에 비친 얼굴이 자기 얼굴이라는 사실을 알고 있을까?

'거울'을 떠올리면 누구나 익숙하게 연상하는 장면이 하나 있다. 바로 동화 〈백설 공주〉에서 백설공주의 새엄마인 왕비가 거울을 들여다보는 장면이다. 왕비는 마법 거울을 자주 들여다본다. 하지만 그녀가 보는 마법 거울은 '비너스의 거울'과는 다른 기능이 있다. 마법 거울은 왕비의 얼굴 대신 거울 속 마녀의 얼굴을 비춘다. 왕비는 자신의 얼굴을 보기 위해서가 아니라 거울 속 마녀에게 질문하기 위해서 거울을 본다. 거울 앞에서 왕비는 묻는다. "거울아 거울아, 이 세상에서 누가 제일 예쁘니?" 그러면 거울 속 마녀는 "왕비가 가장 예쁘다"고 대답한다.

사람의 얼굴을 비추는 '비너스의 거울'과 마녀가 등장하는 '마법 거울' 중에서 어느 것이 진짜일까? 사람들은 거울의 원래 용도가 '무엇인가를 비추어보는 물건'이기 때문에 '비너스의 거울'이 진짜 거울이라고 생각할 것이다. 그러나 반드시 그렇다고 단정할 수만은 없다. 이렇게 한번 생각해보자. 만약 거울을 처음 본 사람이라면 표면에 비친 모습이 자신의 얼굴이라는 사실을 알 수 있을까? 장담할 수 없다.

그리스 신화에 나오는 나르키소스도 그 사실을 몰랐다. 그래서 물에 비친 자신의 얼굴을 사랑하다 물에 빠져 죽었다. 그는 바보여서 그런 것일까? 아니다. 그는 자신의 얼굴을 '실제로' 본 적이 없기 때문이다. 당연한 이야기지만 우리는 누구도 자신의 얼굴을 실제로 본 적이 없다. 거울이나 사진을 통해 보았을 뿐 '실제로' 본 적은 없다. 이처럼 자신의 얼굴을 실제로 본 적이 없는데, 어떻게 거울 속에 비친 모습이 자신의 얼굴이라고 장담할 수 있을까?

다시 〈거울 보는 비너스〉 그림으로 돌아가 보자. 벨라스케스는 나르키소스의 비극을 피하려고 거울 옆에 천사를 한 명 앉혀 두었다. 천사는 비너스에게 "지금 거울 속에 비치는 모습이 바로 네 얼굴이야"라고 말했을 것이다. 비너스는 천사가 건네는 말을 듣고 거울 속의 얼굴이 자신의 모습이라고 믿었을까? 그것도 모를 일이다. 만약 지금 비너스 앞에 서서 말하고 있는 천사가 사실은 천사의 탈을 쓴 악마라면 진실은 달라질 것이다. 비너스는 악마의 이야기를 곧이곧대로 믿을까?

이 이야기는 인간이 갖는 인식의 한계를 보여준다. 앞에서 예를 든 굴뚝청소부의 경우도 마찬가지다. 그들은 상대방을 통해서 자신을 본다. 정확히 말하자면 보는 게 아니라 상상하는 것이다. 하지만 두 명 모두 자신을 제대로 보지 못했다. 이처럼 인간에게 주어진 조건, 즉 '자신의 얼굴을 볼 수 없다'는 사실은 우리를 불안하게 만든다. 그래서 거울이 필요한지도 모르겠다. 그런데 문제는 거울이 있다고 하더라도 반드시 진실을 알 수 있다는 보장은 없다. 내가 알고 있는 게 진실인지를 대체 누가 확인해준단 말인가? 신이? 아니면 천사가?

앞에서 말했듯이 키르케고르는 불안이나 절망에서 벗어나는 방법으로 자기 회복, 다시 말해 '자신을 아는 것'이 중요하다고 보았다. 그렇다면 자신을 알기 위해서는 어떻게 해야 할까? 우리에게는 거울이 필요하다. 스스로 한번 물어보자. 나는 나의 얼굴을 비춰주는 거울이 있는가? 나의 거울은 나의 얼굴을 진실하게 알려주는가? 나의 거울은 천사의 거울인가, 아니면 악마의 거울인가?

The Art of Living 12.

어른이 된다는 것은
냉담한 인물들, 속물들이
지배하는 세계에서
우리 자리를
차지한다는 의미이다

알랭 드 보통
Alain de Botton, 1969~

결혼 적령기에 접어든 한 여성이 있다. 그녀에게는 오랫동안 사귄 애인이 있는데, 남자의 경제적 능력이 부족해서 결혼 시기를 미루고 있다. 그녀의 애인은 성격도 좋고 유머 감각도 뛰어나며 이해심도 넓은 편이다. 그녀는 애인을 사랑하지만, 그의 직업이 불안정하고 경제적 능력도 부족한 점이 늘 마음에 걸렸다. 그러던 차에 그녀의 고민이 깊어질 만한 일이 생겼다. 경제적 능력이 뛰어난 남성이 그녀에게 프러포즈를 해왔기 때문이다. 그 남성은 남들이 부러워하는 직업을 가진 데다가 모아둔 재산도 많았다. 다만 나이가 좀 많은 것이 흠이다. 두 남성 중 어떤 이를 선택해야 할까? 이러한 그녀의 고민은 꽤 현실적이다. 사랑하는 애인을 선택하면 앞으로 경제적 어려움을 감수해야 한다. 반면 새로운 남성을 선택하면 경제적 어려움 없이 살 수 있다. 그녀는 누구와 한평생을 함께하는 게 좋을까?

이런 이야기는 멜로드라마에 자주 등장한다. 사랑을 택할 것인가, 돈을 택할 것인가의 문제다. 어느 쪽이 더 나은 선택일까? 옛 속담에 "정승 집 개가 죽으면 사람이 몰려들지만, 정승이 죽으면 한 명도 오지 않는다"는 말이 있다. 권력과 민심이 얼마나 덧없는지를 비유하기도 하지만 한편으로는 사람들이 얼마나 이해타산에 맞추어 행동하는지를 잘 보여주는 속담이다.

경험에 비추어 보면 이해관계를 계산하여 선택하는 사람이 더 많은 듯하다. 배우자를 고를 때도 마찬가지다. 사랑하지만 능력 없는 애인보다는 사랑하지 않더라도 능력 있는 사람을 선택하는 사람이 더 많다. 주위 사람들도 사랑보다는 능력 있는 사람과 결혼하라고 권한다. "사랑이 밥 먹여주느냐"면서 말이다. 맞다. 사랑이 밥을 먹여주지는 않는다. 하지만 우리가 밥 먹으려고 결혼하는 것도 아니지 않은가?

흥미로운 점은 이해관계를 우선 고려하여 선택한 사람도 자신의 선택이 순전히 이해관계 때문이라고 말하지 않는다는 사실이다. 앞의 이야기에서 여성이 사랑하던 애인을 버리고 새로운(경제력이 뛰어난) 남성을 선택했다고 치자. 그때 그녀는 자신이 그러한 선택을 한 이유로 "그 남자가 돈이 많아서"라고 말하지 않을 것이다. 아마도 그녀는 "사랑이 변했다"고 주장할 것이다. 만약 그녀가 돈 때문에 옛 애인을 버리고 새로운 남성을 택했다고 말한다면 다른 사람들이 그녀를 '속물俗物'이라면서 비아냥거릴 것이기 때문이다.

속물이란 말 그대로 '속된 물건'이란 뜻이다. 하지만 이 말이 사람에게 쓰일 때는 '교양이 없거나 식견이 좁고 세속적인 일에만 신경을 쓰는 사람'을 뜻한다. '세속적世俗的'이라는 말도 사실은 '세상의 일반적인 풍속을 따르는 것'을 의미할 뿐인데, 이 말 속에는 부정적인 뉘앙스가 잔뜩 들어 있다. 돈, 명예, 권력, 명성 등 사람들이 중요하게 생각하지만 정작 그런 마음을 대놓고 표현하기 어려운 것들이 대부분 세속적이기 때문이다. 그래서 사람들은 세속적인 것을 추구하더라도 드러내지는 않는다. '몰래' 추구한다.

세속적인 것에만 신경을 쓰는 사람, 즉 속물들이 가지는 근본적인 성질을 '속물근성Snobbery'이라고 부른다. 속물근성은 19세기 초에 영국에서 처음 사용된 말로, 옥스퍼드나 캠브리지 등 명문대학 시험에서 일반 학생을 귀족 자제와 구별하기 위해 '작위가 없다'는 의미로 이름 옆에 'sine nobilitate(약어로 s.nob.)'라고 쓴 것에서 유래했다. 처음에는 이처럼 높은 지위를 갖지 못한 사람을 가리켰으나 이후에는 정반대의 의미로 사용되었다. 다시 말해 높은 지위를 갖지 않은 사람이 속물이 아니라, 상대방에게 높은 지위가 없다는 사실 때문에 그를 불쾌하게 생각하는 사람을 가리켜 '속물'이라고 부르게 되었다.

사실 사람은 누구나 속물근성을 조금씩 가지고 있다. 드라마나 영화에서 가끔 이런 장면을 본 기억이 있을 것이다. 가난한 집의 어머니가 행상인데, 그의 아들이 친구와 함께 어머니 앞을 지나가면서도 어머니를 모른 척한다. 어머니가 행상하고 있는 사실이 친구에게 알려지는 게 창피하기 때문이다. 그 심정을 이해 못할 것도 없지만 그래도 아들은 '속물'이다. 부모의 직업이 변변치 않다고 창피해하는 자식은 모두 속물이다. 어디 이뿐인가? 자식이 좋은 대학에 못 갔다고 창피해하는 부모도 속물이다. 앞의 이야기에서처럼 오랫동안 사귄 애인의 경제력이 부족하다고 속상해하는 여성도 속물이다. 이처럼 우리에게는 기본적으로 속물근성이 있고, 또 그러한 속물근성을 가진 사람들 사이에서 살아가고 있다. 다만 서로서로 자신이 속물임을 숨기고 있을 뿐이다.

스위스 출신의 영국 작가이자 철학자인 알랭 드 보통은 사람들이 어른이 되면서 속물로 변해간다고 보았다. 그의 말을 들어보자.

> 어른이 된다는 것은 냉담한 인물들, 속물들이 지배하는 세계에서 우리 자리를 차지한다는 의미이다. — 알랭 드 보통, 《불안》

알랭 드 보통의 주장처럼 어른으로 자라는 동안 속물이 되어간다는 이야기는 경험상 대체로 맞다. 어린아이들이 속물인 경우는 거의 없다. 왜 그럴까? 그의 주장을 따르면, 어른이 되어가면서 사람들은 지위에 대한 불안 때문에 타인의 시선을 많이 의식한다. 이러한 의식이 사람들 대부분을 속물로 만든다. 어른들은 아이들보다 남들을 의식하거나 비교하는 경향이 큰데, 이 때문에 속물근성이 자란다는 것이다.

누군가를 '속물'이라고 부르는 말 속에는 그 사람을 경멸하려는 의도가 내포되어 있다. 그 사람이 다른 사람들에게서 마땅히 조롱받을 만한 차별 행동을 한다는 것이다. 한편 속물의 독특한 특징은 단순히 차별하는 행동에 있는 것이 아니라 사회적 지위와 인간의 가치를 동일하게 본다는 데 있다. 높은 지위를 가진 사람은 가치 있는 인간으로, 낮은 지위를 가진 사람은 가치 없는 인간으로 본다. 한마디로 인간을 평가할 때 개개인의 본질적인 정체성을 보지 않고 외형적인 지위에 기대어 판단하는 경향이 바로 속물 집단이 갖는 근본적인 태도다.

물론 사람들은 그러한 속물 집단의 태도를 경멸한다. 속물이라고 조롱하면서 말이다. 그런데 속물이 가진 진정한 문제점은 상대방의 명성과 업적 등에만 관심을 두기 때문에 상대방의 외적인 환경이 바뀌면 지금까지 보여주었던 태도를 싹 바꾼다는 데 있다. 그것도 언제 그랬냐는 듯이 순식간에 바꾸어버린다. 가령 앞서 두 남자를 두고 고민한 여자가 사랑이 아닌 경제력을 보고 결혼한 경우를 생각해보자. 부유하다는 이유로 선택한 남성이 결혼 후 사업에 실패하여 무일푼 신세가 된다면 어떻게 될까? 경제력이 없어진 상황에서도 행복한 결혼생활을 이어갈 수 있을까? 그렇지 않을 것이다. 이처럼 속물은 인간의 본질에 기초하지 않고 그가 가진 외형적인 요소에 따라 관계의 질質을 달리하며, 외형적인 요소가 바뀌면 순식간에 안면을 바꾸는 인간 유형이다. 이런 속성 때문에 속물은 계산적이면서 냉정하기까지 하다.

어떤 사람이 속물인지 아닌지는 언제나 명확하게 구분될까? 그렇지는 않다. 아무리 속물근성을 가진 사람이라도 타인과의 관계에서 자신의 이해관계를 대놓고 드러내지는 않는다. 가령 "당신이 가진 지위나 권력 때문에 당신을 존경합니다"라고 말하는 사람은 없다. 그렇게 말했다가는 '속물'로 낙인찍힐 수 있기 때문이다. 상대방 역시 존경의 이유가 자신이 가진 지위나 권력 때문이라는 사실을 알면 기분이 나빠질 것이다. 이처럼 자신이 속물임을 드러내는 순간 사람들과의 원만한 관계를 기대하기 어렵고, 더욱이 신뢰를 형성하는 일은 불가능해진다.

자신에게 한번 물어보자. 나는 속물인가, 아닌가? 털끝만큼도 속물근성이 없다고 자신하는 사람은 별로 없을 것이다. 왜냐하면 속물근성은 애초에 집단적인 성격을 띠기 때문이다. 한때 자신이 타인의 속물근성을 보고 분개했다고 해서 그 뒤에 점차 속물이 되어가지 않으리란 법이 없다. 거만한 사람에게 지위가 낮다고 무시를 당하다 보면 자신도 모르게 그들의 관심을 얻으려는 갈망이 생긴다. 가령 돈이 많지 않다는 이유로 이성에게 퇴짜를 맞았던 사람은 무슨 수를 써서라도 돈을 많이 벌어 그(그녀) 앞에 위풍당당하게 서고 싶어 할 것이다. 어떻게 보면 이러한 마음이 생기는 건 자연스럽다.

어떤 사람이 속물이 될까? 흔히 속물이라고 치부되는 사람조차도 태어나면서부터 속물이지는 않았을 것이다. 그 자신도 속물인 누군가로부터 비아냥을 당했던 경험 때문은 아닐까?

여기 명품을 좋아하는 사람이 있다. 그가 처음부터 명품을 좋아했던 것은 아니다. 그러던 중 주변 사람들(주로 명품으로 치장하는 걸 당연하게 생각하는 사람들)로부터 명품을 갖지 않았다는 이유로 차별 대우를 받았다. 이 때문에 자존심에 상처를 입은 그는 이후로 명품을 가지려고 노력했다. 더는 자존심에 상처를 입기 싫었다. 이제 그는 남들처럼 명품으로 치장하고 다닌다. 명품은 그에게 당당한 자신감을 되찾아주었고, 다른 사람들에게서 차별을 당하는 일도 완전히 없어졌다. 그런데 그러는 사이에 그도 타인을 볼 때 명품을 소유했는가를 중요하게 생각하게 되었다. 자신도 모르게 명품으로 타인을 평가하는 속물이 되어버린 것이다. 결국 그가 속물이 된 이유는 그의 탐욕이 아닌 남들에게서 받은 괄시 때문이었다.

그런 의미에서 속물의 역사는 탐욕의 역사라기보다 감정적 상처의 기록으로 이해하는 것이 더 옳을지도 모르겠다. 속물은 남들에게 감정적 상처를 주는 가해자이기 이전에 먼저 그러한 상처를 받고 트라우마가 남은 피해자에 가깝기 때문이다. 안타까운 일이다.

한편 남들을 자주 경시하는 습성을 가진 속물은 자신의 삶을 만족스럽게 생각할까? 그렇지 않을 것이다. 속물인 그의 오만 뒤에는 남들이 모르는 공포심이 숨어 있다. 명품을 소유했는가의 기준으로 타인을 평가하는 사람은 정작 자신의 위치에 확신하지 못한다. 자신이 현재 가진 명품이 상대와 비교했을 때 얼마나 더 가치 있는가에 따라서 위치가 달라지기 때문이다. 반면 자신의 자리에 확신하는 사람은 남들을 경시하는 일을 소일거리로 삼지 않는다.

자신을 한번 되돌아보자. 혹시 지금 우리의 마음속에서 속물이 자라고 있지는 않은가?

The Art of Living 13.

고통만이
인간을
성숙시킨다

프리드리히 니체
Friedrich Wilhelm Nietzsche, 1844~1900

누구나 살면서 한 번쯤은 어려움에 부닥친다. 극심한 괴로움이나 고통에 처한 사람에게는 어떤 말이 위로가 될 수 있을까? 어떤 사람은 유대인의 잠언 중 "이 또한 지나가리라"라는 말을 떠올릴지도 모르겠다. 이 말은 어떤 고통이나 괴로움도 영원할 수는 없기에 지금의 어려움을 참고 견디면 곧 평온한 날이 온다는 뜻이다. 하도 유명한 말이어서 종교가 없는 사람조차도 삶이 팍팍하다고 느낄 때면 자주 되뇌인다.

"이 또한 지나가리라." 이 말이 정말로 고통을 없애는 데 도움이 될까? 생각해보자. 만약 자신이 지금 극심한 고통에 처했는데, 친구가 다가와서 "이 또한 지나가리라"는 말로 위로를 전했다면 그 고통이 눈 녹듯이 사라질까? 물론 개인의 성격이나 고통의 정도에 따라 다를 수 있겠지만, 많은 경우 친구가 건넨 위로의 말이 현실의 고통을 없애는 데 별다른 도움이 되지 못한다. 현재의 고통이 영원히 지속되지는 않겠지만 언제 끝날지도 알 수 없기 때문이다. 그래서 현재의 고통을 제대로 이해하지 못한 사람이 건네는 동정심처럼 느껴지거나 거짓 위로처럼 들릴 수 있다.

그렇다면 어떤 말이 고통을 벗어나는 데 좀 더 도움이 될까?

실질적인 도움이 되는 조언은 없을까? 염세주의 철학자로 잘 알려진 쇼펜하우어는 "모든 인생사는 고통의 역사다"라고 주장했다. 그는 또 "인간의 일생이란 가장 행복한 경우라도 겨우 견딜 만한 정도의 불행과 비교적 가벼운 고통 속에 사는 것이며, 걸핏하면 권태라는 고통이 그 자리를 차지한다"고 말했다. 한마디로 삶은 고통의 연속이며 고통이 없는 상태가 되더라도 곧 권태가 찾아와 또다시 고통을 안겨준다는 것이다.

어려운 처지에 놓인 사람에게 쇼펜하우어의 조언은 도움이 될까? 물론 그의 주장이 그다지 유쾌하지는 않다. 인생이 고통의 연속이라고 하니 쥐 오줌만큼 남아 있던 '살맛'도 잃어버릴 판이다. 하지만 그의 주장에는 고통을 겪고 있을 때 다소 위안을 얻을 역설이 숨어 있다. 어떤 위안일까? 우리가 살면서 고통을 느끼는 게 지극히 정상이라는 사실을 자각함으로써 얻는 위안이다. 또한 나 혼자만 고통받고 있는 것이 아니라, 다른 사람들도 대부분 고통 속에 살아가고 있다는 현실을 깨달음으로써 어느 정도 고통이 완화되는 느낌도 든다. "그게 무슨 위안이야?" 하며 반발할 수도 있다. 하지만 매도 혼자 맞을 때보다 여러 사람이 함께 맞으면 덜 고통스럽다는 사실을 떠올려보자. 나 혼자만 고통스러운 게 아니라 다른 사람들도 나름의 고통을 겪고 있다고 생각하면 다소 견딜 만해진다.

쇼펜하우어는 고통을 당연한 것으로 받아들여야 할 뿐만 아니라, 심지어 인생에서 고통은 반드시 필요한 것이라고 보았다. 그는 "인간은 누구나 늘 얼마쯤의 걱정과 고뇌와 불행을 필요로 한다"고

했다. 배가 물 위에 떠서 안전하게 항해하려면 배 안에 무거운 물체가 있어야 하는 것과 마찬가지다. 다시 한번 쉽게 풀어보자면 고통은 더 큰 불행에 대비해 면역력을 키워주고 항생제 역할을 한다. 불행은 그 자체로 어느 정도 고통을 주지만, 한편으로는 안전하게 삶을 살아가게 하는 긍정적인 측면도 있다는 말이다.

니체는 고통을 더욱 적극 긍정했다. 그는 "고통만이 인간을 성숙시킨다"고 주장했다. 그에 의하면 성숙이란 고통을 피함으로써 달성되는 것이 아니라, 고통을 "무엇인가를 이루는 과정에서 겪는 자연스럽고, 또 피할 수 없는 단계"로 인정함으로써 달성할 수 있다. 다시 말해 고통은 자연스럽고 피할 수 없는 과정이며, 이 과정을 거쳐야만 성숙해질 수 있다.

시인 이성복도 고통을 긍정했다. "고통은 살아 있음의 징조이며 타락과 질병과 무지에 대한 경보이고, 살고 싶음과 살아야겠음의 선언이다." 고통을 긍정한다는 측면에서 보면 이성복도 상당히 니체의 철학에 근접해 있다.

그렇다면 일반적인 사람들도 현실의 고통을 긍정할까? 대체로 사람들은 고통을 긍정적으로 해석하지 않는다. 고통은 불필요하며 없을수록 좋다고 생각하기에 가능한 한 피하려고 한다. 행복도 '고통이 얼마만큼 없는지'로 판단한다. 그래서 인생의 중요한 선택에서도 '고통의 부재不在에 관한 판단'은 매우 중요한 기준이다. 가령 직업을 고르거나 배우자를 고를 때도 이러한 경향이 두드러진다. 최근 들어 선호하는 직업으로 공무원이나 교사 등 안정적인 직업의 인기가 높다는 사실이 이를 보여준다. 물론 특정 직업을 폄하하려는 의도는 없다. 다만 '안정성'이 직업 선택의 최우선 기준이 되는 현실을 지적하고 싶을 뿐이다. 또 부모가 자녀의 배우자를 고를 때에도 다른 어떤 기준보다도 '내 자식을 얼마나 고생시키지 않을지'가 우선된다. 물론 부모의 생각이 이해되지 않는 바는 아니다. 하지만 고생시키지 않는다고 해서 행복한 결혼생활이 보장되는 것도 결코 아니다.

고통의 가치를 긍정하는 니체의 주장은 단호하다. 그는 《즐거운 학문》에서 고통을 경험하지 않고서는 어떤 위대한 성장도 없다고 단정했다.

> 그대 자신에게 악천후와 폭풍을 견디지 못하는 나무들이 장래에 거목으로 훌쩍 자랄 수 있을지 한번 물어보라. (……) 이런 것들을 경험하지 않고는 어떤 위대한 미덕의 성장도 좀처럼 이룰 수 없다. — 니체, 《즐거운 학문》

고통을 긍정하는 니체의 주장을 쉽게 받아들이기 어려울 수도 있겠지만, '어느 정도의' 고통이 인간을 성숙시킨다는 점은 틀림없다. 물론 '극심한' 고통은 파멸을 불러일으킬 수도 있다. 그런데 다른 사람들로부터 존경받는 위인들은 대부분 극심한 고통을 견디면서 자신을 성숙시킨 사람들이다. 아무런 고통도 없이 훌륭한 사람이 된 경우는 거의 없다. 인생의 완성은 삶을 갈가리 찢어놓는 고통에 현명하게 대처함으로써 이룰 수 있는 법이다.

니체는 《우상의 황혼》에서 "이가 아프다고 해서 이를 무조건 뽑아버리는 치과 의사에게 우리는 더 이상 찬사를 보내지 않는다"고 말했다. 고통이 힘겹다고 하더라도 무조건 제거하는 것만이 능사는 아니다. 삶에서 부정적인 뿌리를 모조리 잘라버리는 것은 동시에 그 뿌리에서 자라날 긍정의 싹도 함께 제거함을 의미한다. '실패는 성공의 어머니'라는 말이 있듯이 우리는 자신이 처한 고통에 당혹감을 느낄 것이 아니라, 그 고통으로부터 의미 있는 무엇을 발견하지 못한 사실에 당혹감을 느껴야 한다. 그렇다. 지독한 냄새가 나는 거름이 풍성한 수확의 조건이듯이 고통은 성숙한 삶의 조건이다. 무작정 없앨 것이 아니라 그것으로부터 삶을 성숙시킬 자양분을 뽑아낼 수 있어야 한다.

우리는 성공한 사람을 볼 때 그가 이룬 성취를 부러워하지만 정작 성취를 이루기 위해 견딘 고통의 과정은 외면하는 경향이 있다. 사람들은 유럽 문학에 큰 영향을 끼친 사상가 몽테뉴의 《수상록》이 그의 천재적 자질에서 불쑥 튀어나왔다고 생각하지만, 실은 그 작품이 세상에 얼굴을 내밀기까지는 뼈를 깎는 작가의 투쟁이 있었다. 다시 말해 《수상록》이라는 걸작이 태어나기까지 작가가 치러야 했던 수많은 첨삭과 퇴고의 흔적에도 주목해야 한다는 말이다. 결국 걸작의 탄생이든 인생의 완성이든, 그것은 재능의 결과가 아니다. 니체의 말처럼 "부족한 자질을 일궈가면서 스스로 위대함을 획득"하려고 한 노력의 결과다.

고통의 긍정적 가치를 성찰했던 니체는 우리에게 성공적인 삶에 대한 조언도 잊지 않았다. "존재를 통해서 가장 위대한 성취와 가장 위대한 즐거움을 일궈내는 비결은 위험을 감수하며 사는 것이다." 자신의 인생을 완성하여 성공적인 삶을 살고 싶다면, 이제부터는 고통을 회피하지 말고 당당하게 맞서야 한다. 고통 속에서 성공의 자양분을 발견하고 그것을 끄집어내어 자신의 것으로 만들어야 한다. 새가 튼튼하고 안전한 가지를 피해 위태로운 가지에 둥지를 틀 듯이, 안전하고 고통 없는 삶에는 행복이라는 파랑새가 둥지를 틀지 않는다.

sad chair #7

고통은 살아 있음의 징조이며
타락과 질병과 무지에 대한 경보이고,
살고 싶음과 살아야겠음의 선언이다.

The Art of Living 14.

절망은
죽음에 이르는
병이다

쇠렌 키르케고르
Søren Aabye Kierkegaard, 1813~1855

절망에 빠져본 적이 있는가? 살다 보면 누구나 한 번씩은 절망을 경험한다. 사랑하는 이에게 프러포즈했으나 상대의 마음을 얻는 데 실패한 사람, 수십 통의 이력서를 쓰고도 취업에 실패한 사람, 꿈을 이루지 못한 채 중도에 포기해버린 사람 등, 간절히 원했던 것을 끝내 이루지 못해 절망에 빠진 사람은 고통스럽다. 절망이 지나치면 차라리 죽고 싶은 심정이 들 때도 있다. 이처럼 절망의 고통은 삶의 의욕마저 앗아가기 일쑤다.

절망에 빠진 자는 살아 있어도 사는 게 아니다. 절망絕望은 말 그대로 '희망을 끊은' 상태다. 모든 희망을 끊어버렸기에 그는 죽은 것과 다름이 없다. 키르케고르는 "절망은 죽음에 이르는 병"이라고 했다. 그에 의하면 인간에게 절망은 약이 아니라 병이다. 그것도 죽음에 이르게 할 만큼 치명적인 질병이다.

굳이 키르케고르의 사유를 빌리지 않더라도 인간이라면 누구나 절망이 약보다 질병에 가깝다고 생각한다. 하지만 절망에 대한 키르케고르의 사유는 이처럼 단순하지 않다. 그 속에는 인간 실존에 관한 통찰이 숨어 있다. 그는 죽음에 이르는 병인 절망이 "정신의 병, 곧 자기 내부의 병"이라고 주장한다. 이 말은 무슨 뜻일까?

겉으로 보기에 절망하는 자는 '무슨 일'에 절망한 것처럼 보인다. 하지만 사실은 '무슨 일'에 절망했다기보다 '자기 자신'에게 절망한 것이다. 다시 말해 절망의 원인은 대상 때문이 아니라 절망하고 있는 주체, 즉 '자기 자신' 때문이라는 것이 키르케고르의 통찰이다.

여기 애인에게 청혼한 한 남자가 있다. 하지만 그는 열렬히 구애했음에도 그녀의 마음을 얻는 데 실패했다. 남자는 절망에 빠졌다. 이때 남자는 무엇 때문에 절망에 빠진 것일까? 키르케고르의 주장대로라면 남자는 지금 '구애에 실패한 사실' 때문에 절망하는 게 아니다. 그는 구애에 실패한 '자기 자신'에게 절망하고 있는 것이다. '둘 다 똑같은 얘기 아니야?'라고 생각하는 사람이 있을지도 모르겠다. 그런데 그 둘 사이에는 큰 차이가 있다.

'구애에 실패한 사실' 때문에 절망한 남자의 경우를 생각해보자. 그는 지금 절망하고 있지만, 최소한 자기 자신에게 또 다른 희망을 품을 수 있다. 언젠가 또 다른 여자를 사랑하게 되었을 때도 그는 이번처럼 열렬히 프러포즈할 것이다. 이와는 달리 '자기 자신'에게 절망한 남자는 어떤 희망도 품을 수가 없다. 언젠가 또다시 한 여자를 사랑하게 되어도 그녀 역시 '자신' 같은 사람은 받아주지 않으리라고 생각하기 때문이다. 그래서 자기 자신의 존재 자체에 절망한 사람은 과거의 아픔을 딛고 일어나, 새로운 사랑을 찾아 나설 엄두조차 내지 못한다. 이처럼 '대상'이나 '사건'에 절망하는 것보다 '자기 자신'에게 절망한 경우가 훨씬 더 큰 고통과 후유증을 남긴다.

절망에 빠진 자, 키르케고르의 표현처럼 자기 자신에게 절망한 자는 어떻게 행동할까? 그는 자기를 상실한 자다. 또 그는 자기를 부정한다. 따라서 자신에게 절망한 사람은 자기를 전혀 돌보지 않고, 오직 타인과의 관계에만 몰두한다. 키르케고르는 이런 사람을 '직접성의 인간'이라고 불렀다. 자기반성을 거치지 않고 외부 영향을 직접 받는 사람이라는 뜻이다. 직접성의 인간은 자신의 존재뿐만 아니라 가능성에 대해서도 부정한다. 또한 자신을 부정하기 때문에 다른 사람의 말과 행동을 따라 할 수밖에 없다. 따라서 그는 항상 타인의 시선을 의식하며 평균적인 일상성 속으로 도피하고 만다(하이데거는 이런 사람을 '세인世人'이라고 불렀다). 결국 자기 자신에게 절망한 자는 자신으로 살지 못한다.

이제 다른 관점에서 생각해보자. 절망은 언제나 죽음에 이르게 할 정도로 나쁜 것일까? 달리 말해, 우리는 살면서 절망이라는 질병에 한 번도 걸리지 않는 것이 좋을까? 일반적인 질병이라면 그렇겠지만 절망이라는 질병은 다르다.

키르케고르는 인간이라면 누구나 절망을 피해 갈 수 없다고 보았다. 즉 누구나 절망이라는 병에 걸린다. 스스로 절망을 의식하고 있든 그렇지 않든 실제로는 절망하고 있다고 주장한다. 심지어 그는 절망이라는 병에 걸린 적이 없다면 그것은 불행한 일이라고까지 말한다. 그의 주장을 들어보자.

절망이란 전적으로 변증법적이기 때문에 병이기도 하지만, 그 병에 걸려본 적이 없다는 것은 최대의 불행이고, 그 병에 걸리는 것이 진정한 신의 은혜라고 말할 수 있음 직한 병이다.
스스로 절망하고 있다고 솔직하게 말하는 사람이 자신은 절망하고 있지 않다고 생각하는 사람들보다 변증법적으로는 한 걸음 더 구원에 가까이 있는 것이다. — 키르케고르, 《죽음에 이르는 병》

그의 말을 따르면 절망은 희귀한 것이 아니다. 오히려 보편적이다. 만약 누군가가 "나는 절망하고 있지 않다"고 말한다면, 그저 자신의 정신을 충분히 자각하지 못한 상태일 뿐이다. 인간은 누구나 절망에 빠져 있다. 자신이 자각하든, 자각하지 못하든 간에 말이다. 누구나 절망에 빠져 있다는 키르케고르의 주장에 수긍할 수 있는가? 적어도 현재 절망에 빠진 사람이라면 그의 주장에서 다소 위안을 얻기도 할 것이다. 또 주변에 절망에 빠져 자신을 부정하는 사람이 있다면 키르케고르의 주장을 빌려 이렇게 말해줄 수도 있다. "너만 절망에 빠진 게 아니야. 다른 사람들도 모두 절망에 빠져 있어. 그러니 너무 심하게 좌절하지 말고 일어나."

인간은 누구나 절망에 빠져 있다고 주장한 키르케고르는 절망의 유무보다 절망을 자각하지 못하는 게 더 큰 문제라고 보았다. 그는 인간이 절망을 자각하지 못하는 이유를 '기묘한 전도'이자 '철저한 자기기만' 때문이라고 했다. 마치 암에 걸린 환자가 자신의 병이 암이라는 사실을 받아들이지 못하고 단순한 종양이라고 최면을 거는 것과 같다. 그래서 키르케고르는 "개인의 절망이 자각되지 못하고 은폐될 때 그것은 가장 무서운 병이 된다"고 했다. 어떤 이유로든 은폐된 병은 치료의 사각지대에 놓임으로써 점점 증상이 악화될 수밖에 없다.

키르케고르는 자신이 절망하고 있다고 솔직하게 말하는 사람이 그렇지 않은 사람보다 훨씬 더 구원받을 가능성이 높다고 주장했다. "나는 병에 걸렸어"라고 말하는 사람이 "나는 아무런 병이 없어"라고 말하는 사람보다 치료받을 가능성이 더 높은 것과 같은 이치다. 그는 또 절망을 방치하고 치료하지 않는 것도 아주 위험하다고 보았다. "만일 사람이 이 병(절망)에서 낫기를 원치 않는다면 이 병은 무엇보다도 위험한 병이 될 것이다." 결국 절망이라는 병에 걸리지 않는 게 중요한 것이 아니라, 그 병을 자각하지 못하거나 혹은 알아도 방치하는 게 더욱 위험한 일이다.

이제 자신에게 질문을 던져보자. "나는 지금 절망하고 있는가?" 각자의 대답과 관계없이 키르케고르의 사유는 자칫 절망에 빠져 좌절하기 쉬운 우리에게 긍정적인 관점을 제공한다. "절망은 죽음에 이르는 병"이라고 주장한 그는 절망을 부정적으로만 사유하지 않았다. 질병의 속성을 가진 절망이 한편으로는 구원의 기회가 된다. 한 번도 병에 걸리지 않은 사람보다 병에 걸린 후 치료에 성공한 사람이 더 건강한 삶을 살 수 있듯이 말이다. 이런 관점에서 보자면 절망은 오히려 질병에 대한 항체를 형성할 좋은 기회인 셈이다. 이제 우리는 절망을 지나치게 무서워하거나 피할 필요가 없다. 어쩌면 그 절망이 우리를 구원하고 우리의 삶을 풍요롭게 만들지도 모른다.

The Art of Living 15.

고난도 가치다

니콜라이 하르트만
Nicolai Hartmann, 1882~1950

주변을 둘러보면 "사는 게 힘겹다"고 말하는 사람들이 꽤 많다. 그들은 푸시킨의 유명한 시 〈삶이 그대를 속일지라도〉에서 큰 위안을 얻을 수도 있다. "삶이 그대를 속일지라도 슬퍼하거나 노여워하지 마라. 설움의 날을 참고 견디면 머지않아 기쁨의 날이 오리니." 실제 우리의 현실도 푸시킨의 시와 같을까? 아무리 삶이 힘겹더라도 참고 견디기만 하면 정말로 머지않아 기쁨의 날이 올까? 안타깝게도 현실은 좀처럼 푸시킨의 시구처럼 진행되지 않으며, 따라서 기쁨의 날도 쉽게 찾아오지 않는다. 설움의 날을 견뎠다고 하더라도 삶의 조건 자체가 특별히 좋아질 가능성이 없기 때문이다. 힘겨운 삶을 견디는 데 내성이 생겨서 그럭저럭 참을 만할 수는 있다. 마치 하도 얻어맞다 보니 맷집이 좋아져서 여전히 주먹이 날아오는데도 참을 만해진 것과 비슷하다.

    삶이 힘겨울 때는 어떻게 극복해야 할까? 푸시킨보다는 도종환의 시가 사람들에게 더 큰 위안을 줄 것 같다. 먼저 〈흔들리며 피는 꽃〉이라는 시를 한번 읽어보자.

흔들리며 피는 꽃

흔들리지 않고 피는 꽃이 어디 있으랴
이 세상 그 어떤 아름다운 꽃들도
다 흔들리면서 피었나니
흔들리면서 줄기를 곧게 세웠나니
흔들리지 않고 가는 사랑이 어디 있으랴

젖지 않고 피는 꽃이 어디 있으랴
이 세상 그 어떤 빛나는 꽃들도
다 젖으며 젖으며 피었나니
바람과 비에 젖으며 꽃잎 따뜻하게 피웠나니
젖지 않고 가는 삶이 어디 있으랴

— 도종환, 《사람의 마을에 꽃이 진다》

    도종환은 삶이 힘겨운 사람들에게 "흔들리지 않고 피는 꽃이 어디 있으랴, 젖지 않고 가는 삶이 어디 있으랴" 하면서 위로를 전한다. 이 말은 "참고 견디면 기쁨의 날이 올" 것이라는 푸시킨의 주장과는 어떻게 다른가? 푸시킨은 힘겨운 삶을 '견디어내라'고 주장하는 반면, 도종환은 힘겨운 삶을 '긍정하라'고 주문한다. 전자는 체념이고 후자는 긍정이다.

    긍정과 체념은 다르다. 긍정이란 '그러하다고 생각하여 옳다고 인정'하는 것을 말한다. 다시 말해 '힘겨운 삶을 긍정한다'는 것은 삶이 힘겨운 게 '옳다(당연하다)'고 인정하는 것이다. 그래서 삶을 긍정하는 사람은 이렇게 말한다. "누구에게나 삶이 힘겨운 법이므로 그 점에 대해서는 일단 인정하자. 하지만 삶이 힘겹더라도 체념하지 말고 빛나는 미래를 만들기 위해 노력하자." 삶을 긍정하는 사람은 결코 절망하거나 체념하지 않는다. 당연한 일을 두고 굳이 체념할 필요가 있겠는가? 또한 그들은 노력하면 빛나는 미래를 만들 수 있다고 생각하므로 더더욱 체념하지 않는다.

사실 우리가 삶을 힘겹다고 느끼는 이유는 실질적 궁핍 때문만은 아니다. 현대인들은 대부분 끼니를 이어갈 밥과 입을 옷이 없어서 삶이 힘겨운 경우는 드물다. 그럼에도 많은 사람들이 삶이 힘겹다고 말한다. 과거보다 실질적 궁핍은 줄어들었는데, 역설적이게도 상대적 궁핍과 그것에 대한 공포는 오히려 늘어났다. 왜 그럴까? 우리가 삶에 대해 절대적 가치가 아닌 상대적 가치로 평가하기 때문이다. 사람들은 지위, 성취, 수입 등의 외형적인 조건을 타인들과 비교함으로써 삶의 질을 평가한다. "동기 녀석은 부장인데, 나는 과장이야"라거나 "어떤 회사는 연말 보너스를 500퍼센트나 주는데, 우리는 겨우 200퍼센트밖에 안 줘" 하면서 말이다. 삶을 상대적 가치로 평가하는 한, 실질적으로는 특별히 궁핍하지 않으면서도 우리의 삶은 언제나 힘겹고 현재의 위치를 불안하게 느낄 수밖에 없다.

잊지 말아야 할 점은 타인과 비교함으로써 생기는 궁핍이 삶에서 '진짜 문제'는 아니라는 사실이다. 정작 중요한 점은 삶을 대하는 태도다. 어떤 이들은 삶이 힘겹다고 느껴지면 절망에 빠진 채 체념하고 만다. 그들은 남들의 성공을 부러워하면서도 단지 "운이 좋거나 부모를 잘 만났기 때문"이라고 말한다. 좋은 운이나 부유한 부모는 노력한다고 주어지는 것이 아니므로 그들은 자신의 현재 상태를 변화시킬 방법이 없다고 생각한다. 그래서 그들의 절망적인 감정은 '진짜 현실'이 되고 만다.

반면 어떤 이들은 힘겨운 현실에서도 삶을 긍정하고 미래를 향해 자신을 내던진다. 그들도 물론 남들의 성공을 부러워하지만, 한편으로는 성공한 사람에게 그럴 만한 이유가 있다고 본다. 대체로 이런 부류의 사람은 성공한 사람이 '남다른 노력을 기울였기 때문에' 성공했다고 생각한다. 그렇기에 자신도 그들처럼 노력하면 성공할 수 있다고 믿는다. 그들에게 현재의 고난은 미래를 향해 기투하는 원동력이 된다.

독일의 신칸트학파 철학자인 니콜라이 하르트만은 그의 책 《윤리학》에서 고난도 가치 있는 일이라고 주장했다.

> 고난도 가치다. 고난이 어째서 가치냐고 반문할지도 모르겠다. 사실 불행을 견뎌낼 능력이 없는 자에게 고난은 가치가 아닐 것이다. 그러나 그것을 견뎌낼 만큼 충분히 강한 자는 고난을 통하여 스스로 강화된다. ─ 니콜라이 하르트만, 《윤리학》

그의 말에 따르면 견뎌낼 수 있는 사람에게 닥친 고난은 역경이 아니라 오히려 축복이다. 고난을 통해서 더 강한 사람으로 거듭날 수 있기 때문이다. 우리 자신에게 물어보자. 나는 삶이 힘겹다고 느낄 때 절망하고 마는가, 아니면 현실을 인정하고 미래를 향해 기투하는가?

빛나는 미래를 향해 나가는 문은 언제나 자신 안에 있다. 스스로 현실을 긍정하고, 그 현실에서 원인을 찾고 해답을 구하려고 노력하는 자만이 빛나는 미래의 문을 열 수 있는 법이다. 누구나 때때로 삶이 힘겹다고 느껴질 때가 있다. 그럴 때일수록 절망하지 말고, 현실을 긍정하면서 미래를 향해 자신을 내던져야 한다.

아름다운 결실, 빛나는 미래는 결코 그냥 주어지지 않는다.

The Art of Living 16.

회피하는 한
두려움은 영원하다.
기다리는 한
기회는 달아난다

월하月下 김달진
金達鎭, 1907~1989

현대는 위험 요소가 많은 사회다. 독일의 사회학자 울리히 벡 교수가 말했듯이 '위험 사회'다. 그가 말한 위험 사회란 과학기술의 발전이 물질적 풍요를 가져다주었지만 동시에 위험 요소도 증가한 현대사회를 가리킨다. 원자력 발전소의 방사능 유출이나 광우병, 조류독감 등 새로운 바이러스의 창궐, 지구 온난화로 인한 이상 기후 등 위험의 종류도 다양하다. 무엇보다도 심각한 것은 그러한 위험이 예외적인 현상이 아니라 일상적인 현상이며, 위험의 속성이 불확실하고 통제 불가능하다는 점이다. 그래서 현대인들은 과거보다 훨씬 더 물질적인 풍요를 누리면서도 행복감을 느끼지 못한다. 최근 들어 환경보호나 웰빙Well-being에 대한 관심이 높아지는 것도 이러한 위험에서 벗어나려는 심리가 큰 몫을 차지한다.

그런데 현대인들이 노출된 위험에는 울리히 벡 교수가 언급한 사회적 위험만 있는 것이 아니다. 일상생활이나 직장생활에서도 다양한 위험이 도사리고 있다. 부모는 밤늦게 귀가하는 자녀가 폭력의 피해자가 되지 않을까, 좋은 대학에 가지 못해 사회에서 낙오자가 되지 않을까 걱정한다. 직장인들은 자신이 구조조정의 대상이 되거나 경쟁에서 도태될까 봐 걱정한다. 이처럼 현대인들은 어딜 가나 상시적인 위험에 노출되어 있다.

우리는 이러한 위험에 어떻게 대처하는 것이 좋을까? 위험은 무조건 피하고 보는 것이 상책일까? 반드시 그렇지만은 않다. 《성공하는 사람들의 7가지 습관》의 저자로 잘 알려진 스티븐 코비 박사는 위험을 무조건 회피하는 것이 좋은 선택은 아니라고 주장한다. "가장 큰 위험은 위험이 없는 삶이다." 그는 오히려 위험이 없는 삶이 더 위험하다고 보았다. 무슨 근거로 그러한 주장을 할까?

'코쿤Cocoon족'이라는 말이 있다. 외부 세상으로부터 도피하여 자신만의 안전한 공간에 머물려는 칩거 증후군에 걸린 사람들을 일컫는 말이다. '코쿤'은 '누에고치'에서 유래한 용어로 집이나 가상현실(사이버 공간) 등 '자신만의 세계'를 말한다. 코쿤족은 자신만의 세계를 벗어나지 않고 그곳에서 모든 것을 해결한다. 즉 코쿤족은 불확실한 사회와 단절되어 보호받고 싶은 욕망을 가진 사람들이다.

그들은 왜 자신만의 세계에 머물려고 할까? 개인마다 다르겠지만, 한 가지 분명한 이유는 가정을 벗어난 공간, 즉 바깥 사회가 그들에게 익숙하지 않기 때문이다. 그들은 집이나 사이버 공간(이곳도 집이라는 물리적 공간 안에 있는 셈이다)에서는 편안함을 느끼지만, 그곳을 벗어난 바깥 공간에서는 편안함을 느끼지 못한다. 불확실성이 지배하는 바깥 사회는 그들에게 익숙하지 않을 뿐만 아니라 불안하고 무섭기까지 한 곳이다. 한마디로 위험한 곳이다. 그래서 그들은 편안한 공간인 코쿤에서만 생활하고 싶어 한다.

현대에 와서 왜 코쿤족이 증가하는 것일까? 요즘 대학생들의 생활 방식을 자세히 관찰해보면 이러한 현상을 이해하는 데 도움이 된다. 최근에는 자녀의 대학생활에 깊숙이 관여하는 부모들이 많은 편이다. 그들이 보기에는 집이라는 울타리 너머에 있는 대학교도 위험한 공간이다. 따라서 위험한 공간, 즉 대학교에 다니는 자녀를 안전하게 보호하기 위해 부모는 헌신적인 노력을 기울인다. 자녀의 수강 신청도 도와주고 자녀의 성적에도 신경을 기울인다. 요즘은 성적에 대한 문의나 이의 제기를 위해 부모가 자녀 대신 교수실을 찾기도 한다. "설마 그 정도일까?" 하고 의아해할 수 있겠지만 엄연한 사실이다. 심지어 자녀가 입사 면접을 보는 곳까지 따라다니는 부모도 있다. 각종 위험으로부터 자녀를 안전하게 보호하려는 부모의 노력은 가상하다 못해 눈물겹기까지 하다.

이처럼 모든 상황에서 자녀를 위험으로부터 보호하려는 부모의 노력은 올바른 것일까? 전혀 그렇지 않다. 모든 위험으로부터 보호해주는 부모가 영원히 살 수는 없기 때문이다. 보호 아래 안전하게 살던 자녀에게 부모라는 안전장치가 없어진다면 어떻게 될까? 굳이 설명하지 않더라도 결과는 쉽게 예측할 수 있을 것이다. 결국 부모의 과잉보호는 자녀의 자생력을 해치는 결과를 낳는다. 이 대목에서 우리는 스티븐 코비의 경구를 떠올릴 필요가 있다. "가장 큰 위험은 위험이 없는 삶이다." 그렇다. 부모의 역할은 자녀를 안전하게 보호하는 것이 아니라 위험 속에서 스스로 살아갈 수 있도록 면역력과 독립심을 키워주는 것이다.

축구 경기에서는 "최선의 공격이 최고의 방어다"라는 말이 있다. 수비에만 집중하면 경기에 이길 수 없다는 뜻이다. 수비만 하다가 언제 골을 넣겠는가? 승리하려면 상대편이 득점할 위험이 있더라도 공격을 해야 한다. 자녀를 위험으로부터 완벽하게 보호하려는 생각, 그것은 한 점도 내주지 않으려고 선수 전원이 수비만 하는 꼴이다. 이런 상황에서는 결코 승리할 수 없으며 위험에서 완전히 벗어날 수도 없다. 따라서 안전해지려면 어느 정도까지는 위험을 감수해야만 한다. 자녀가 다소 위험에 노출되더라도 그 상황을 헤쳐나갈 힘을 키워주는 것이 부모가 해줄 수 있는 최고의 도움이다.

안전보다는 위험을 기꺼이 감수하려는 자세는 성공한 사람들에게서 공통으로 엿볼 수 있는 삶의 태도이기도 하다. 미국의 유명 사회자인 오프라 윈프리는 "조금도 위험을 감수하지 않는 것이 인생에서 가장 위험한 일일 것이다"라고 했다. 시청각 장애를 가졌음에도 위대한 업적을 남긴 헬렌 켈러도 비슷한 말을 했다. "길게 보면 위험을 피하는 것이 완전히 노출하는 것보다 안전하지도 않다. 겁내는 자도 대담한 자만큼 자주 붙잡힌다." 대체로 안전함 속에서는 위대함이 자라나기 어렵다. 위대한 삶이나 뛰어난 업적은 커다란 위험을 감수한 결과다.

불교 시인 김달진도 현대를 살아가는 우리에게 안전보다는 위험을 감수하라고 조언한다. 그의 말을 들어보자.

> 배가 항구에 정박해 있을 때는 아무런 위험도 없다. 하지만 그러자고 배가 있는 것은 아니다. — 김달진, 《산거일기》

위험을 사전에 인지하고, 위험한 상태에 빠지지 않도록 조심하는 태도 자체를 부정할 수는 없다. 하지만 '조심만' 하면서 살 수도 없는 법이다. 항구에 묶여 있는 배는 안전하지만 그렇게 사용하려고 배를 만든 게 아니다. 거센 파도를 가르고 세찬 비바람에 흔들려도 보면서 항해를 해야, 그제야 배다운 것이다. 마찬가지로 우리도 단지 위험을 피하고 안전하게 있기 위해서만 태어난 것이 아니다. 하고 싶은 것도 많고 이루고 싶은 것도 많다. 그렇다면 위험을 피해서는 안 된다. 오히려 즐겨야 한다. 훌륭한 농부는 홍수나 가뭄이 왔다고 해서 농사를 그만두는 법이 없다.

김달진이 직접 번역한 《법구경》에는 다음과 같은 경구가 있다. 지금까지 한 이야기에 걸맞은 이 경구로 마무리를 갈음한다.

회피하는 한 두려움은 영원하다. 기다리는 한 기회는 달아난다. 한번 부닥쳐보라! — **법구, 《법구경》**

The Art of Living 17.

죽음을 향해 미리
달려가 보는 것은
죽음을 넘어설 수 없다는
사실을 은폐하는 것이
아니라, 오히려
죽음으로부터
자유로워지는 것이다

마르틴 하이데거
Martin Heidegger, 1889~1976

질문 하나, 만약 불치병에 걸려 지금부터 단 6개월밖에 살 수 없다면 남은 인생을 무엇을 하며 보내고 싶은가? 갑작스러운 질문에 당혹스러울 수도 있겠지만, 이 질문은 인간 존재의 본질을 음미하게 하는 철학적 물음이다. 혹시 남은 생애 동안에 지금보다 더 많은 돈을 벌거나 좀 더 높은 지위에 오르고 싶다고 대답하는 사람이 있을까? 아마 그렇지는 않을 것이다. 모두 얼마 남지 않은 삶을 정말로 소중하고 의미 있게 보내길 원할 것이다. 그렇다면 돈을 벌거나 높은 지위를 얻는 일은 인생에서 그다지 큰 의미가 없는 걸까? 물론 인생을 살아가는 데 돈을 벌거나 출세하는 것은 중요하면서도 필요한 일이다. 하지만 다른 어떤 것보다도 최우선에 놓이지는 않는다. 다시 말해 돈과 지위가 인생에서 가장 가치 있는 것은 아니다.

이제 관점을 바꾸어서 철학적인 질문을 하나 더 해보자. 인생에서 가장 가치 있는 일은 무엇일까? 얼핏 보면 단순해 보이지만 막상 대답하기는 쉽지 않은 질문이다. 이는 인간이 어떻게 살아야 하는지에 대한 존재론적 철학을 묻기 때문이다. 존재니 철학이니 하는 단어가 익숙하지는 않겠지만 그렇다고 무작정 외면하고 살 수만은 없으므로 다시 한번 생각해보자. 인생에서 가장 가치 있는 일, 달리 표현하면 자신이 진정으로 존재하고 싶은 모습은 무엇인가? 역시 답하기가 쉽지 않을 것이다.

좀 더 쉬운 질문으로 바꾸어보자. 자신이 생각하는 가치 있는 삶, 진정으로 존재하고 싶은 모습은 어떻게 알 수 있을까? 앞서 첫 번째 질문에서처럼 인생이 얼마 남지 않았다고 가정하면 막연했던 자신의 모습이 좀 더 선명하게 보일 수도 있다. 다시 말해 죽음을 떠올리면 오히려 삶을 어떻게 살고 싶은지, 또는 어떻게 살아야 하는지에 대한 내면의 생각에 이르게 된다. 인간은 누구나 죽음에 이르면 철학적으로 변하기 때문이다.

2011년 10월 6일은 '20세기의 다 빈치'라고 불렸던 스티브 잡스가 세상을 떠난 날이다. 56세의 짧은 생을 화려하게 살다 간 그는 항상 '죽음'이라는 단어를 가슴에 품고 산 것으로 유명하다. 죽음에 대한 그의 생각은 2005년 스탠퍼드 대학교의 졸업식 연설에서 잘 나타나 있다.

나는 지난 33년간 아침마다 거울을 보면서 이렇게 묻습니다. "오늘이 내 인생의 마지막 날이라면, 내가 오늘 하려고 하는 일을 할 것인가?" 며칠 연속 '노'라는 답을 얻을 때마다 나는 무언가 변화가 필요하다는 것을 깨닫습니다. 곧 죽는다는 생각은 인생의 결단을 내릴 때마다 가장 중요한 도구였습니다. 죽음 앞에서는 외부의 기대, 자부심, 당혹감, 실패의 두려움은 모두 떨어져 나가고, 오직 진실로 중요한 것만 남기 때문입니다. 죽음을 생각한다는 것은 무엇을 잃을지도 모른다는 두려움에서 벗어나는 최고의 길입니다. (……) 죽음은 삶을 대신하여 변화를 만듭니다. (……) 여러분의 시간은 한정되어 있습니다. 따라서 다른 사람의 삶을 사느라 시간을 낭비하지 마십시오. (……) 가장 중요한 것은 가슴과 영감을 따르는 용기를 내는 것입니다. (……) 항상 배고파하고 항상 무모하십시오 Stay hungry, stay foolish. — 스티브 잡스, 스탠퍼드 대학교 졸업식 연설에서

암의 고통 속에서도 새로움을 창조하기 위해 끊임없이 열정을 불태웠던 스티브 잡스는 누구나 두렵게 생각하는 죽음이 오히려 삶을 변화시키는 긍정적인 역할을 한다고 주장했다. 심지어 그는 "죽음은 삶이 만든 최고의 발명품"이라고까지 말했다. 잡스처럼 우리도 죽음을 긍정할 수 있을까? 죽음 앞에서 초연超然한 삶의 태도는 잡스와 같이 특별한 생을 살았던 위인들에게서 공통으로 발견된다. 옛 속담에도 "죽기를 각오한다면 못할 일이 없다"는 말이 있다. 이순신 장군도 전장에서 병사들에게 "죽기를 각오하고 싸우면 살 것이요, 살기를 각오하고 싸우면 죽을 것이다"라고 외치면서 죽음을 두려워 말고 적군에 용감히 맞설 것을 강조했다. '사람이 자신의 일을 다하고, 하늘의 명을 기다린다'는 의미의 '진인사대천명盡人事待天命'도 죽음 앞에서 초연한 자세를 보인 옛 성인들이 삶을 살아가며 마음속에 품은 말이었다.

죽음을 두려워하지 않거나 죽음 앞에서도 초연한 태도는 아무

나 쉽게 가질 수 없다. 누가 죽기를 원하겠는가? 그토록 초연했던 잡스도 "천국에 가고 싶어 하는 사람조차도 죽어서까지 천국에 가고 싶어 하지는 않는다"고 말할 정도였으니. 그러나 죽음의 가능성을 외면한 채 사는 사람은 인생에서 진정으로 중요한 것을 놓칠 가능성이 높다. 알다시피 인간의 생명은 유한하다. 하지만 우리 중에는 마치 생명이 무한한 것처럼 살아가는 사람도 있다. 죽음은 자신과 무관하다는 듯이 말이다. 세네카는 이렇게 말했다. "인간은 항상 시간이 모자란다고 불평하면서 마치 시간이 무한정 있는 것처럼 행동한다." 죽음을 생각한다는 것은 생이 유한함을 인식하고 있다는 의미다. 또한 남은 시간이 한정되어 있기에 삶에서 진정으로 중요한 것을 선택하고, 이를 우선 행해야 한다는 의미다.

  죽음의 가능성을 염두에 두지 않으면 인생에서 중요한 선택의 순간에 결단을 미루거나 좋지 못한 결정을 내리기 쉽다. 내일 죽는다고 생각하면 선택의 순간에 진실로 중요한 것만을 생각하지만, 죽음을 빼놓으면 사소한 것들의 영향을 받게 된다. 대표적인 것이 '다른 사람의 기대'와 '실패에 대한 두려움'이다. 중요한 선택을 앞두고 다른 사람의 기대를 우선 고려하면 항상 평균적인 수준의 선택만 하게 된다. 다시 말해 남들과 비슷한 선택을 하게 된다. 단언컨대 평균적인 선택 중에서 좋은 선택은 없다. '실패에 대한 두려움'도 문제다. 그 두려움이 새로운 것을 시도하지 못하게 가로막기 때문이다. 혹시라도 실패할 게 두려워서 정작 아무런 시도조차 하지 않는다. 이렇게 결단을 미루고, 미루고, 또 미루다가 결국 아무것도 해보지 못한 채 생을 마친다. 이쯤 되면 선택을 하지 않은 것이 아니라 실패를 선택했다고 보는 게 더 맞을 것이다.

다른 사람의 기대나 실패에 대한 두려움으로 결단을 미루는 사람은 자신이 무엇을 잃고 있는지도 자각하기 어렵다. 다른 사람의 기대에 맞춘 삶을 사느라 시간을 낭비하고 있는데도 말이다. 우리는 어느 순간 '내가 원했던 삶을 살고 있지 않구나' 하는 자각에 이를 때가 있다. 그럴 때면 인생이 참 허무하다는 생각이 절로 든다.

어떻게 하면 자신만의 삶을 살아낼 수 있을까? 스티브 잡스처럼 '오늘이 내 인생의 마지막이라면'이라는 생각을 떠올리는 것도 한 가지 방법이다. 하이데거도 스티브 잡스와 비슷하게 말했다. 그의 말을 들어보자.

> 죽음을 향해 미리 달려가 보는 것은 죽음을 넘어설 수 없다는 사실을 은폐하는 것이 아니라, 오히려 죽음으로부터 자유로워지는 것이다. ― 하이데거, 《존재와 시간》

"죽음을 향해 미리 달려가라"는 말이 혹시 자살을 권유하는 것처럼 들리는가? 오해하지 마시라. 하이데거의 주장은 죽음의 가능성을 피하지 않고 받아들일 때, 오히려 여러 현실적인 가능성을 이해하고 선택하게 된다는 말이다. 다시 말해 죽음을 피하지 않고 당연하게 받아들여야만 삶의 문제를 회피하지 않고 당당하게 선택할 수 있다. 그러므로 죽음은 오히려 삶의 여러 가능성을 열어준다.

곰곰이 생각해보면 죽음의 가능성을 염두에 두었을 때 삶의 태도가 달라지는 것은 자명하다. 앞서 이야기했듯이 만약 앞으로 6개월밖에 살 수 없다면 우리는 권력을 잡기 위해 노력하거나 남들에게 잘 보이기 위해 다이어트를 하지는 않을 것이다. 이처럼 살면서 죽음을 생각하는 자세는 평소에 하지 못했던 생각을 해보는 성찰의 계기를 마련해준다. 즉 죽음은 자신의 삶에서 진정으로 중요한 무엇인가를 숙고하게 한다. 그런 의미에서 죽음은 삶의 또 다른 긍정이다.

다른 사람의 삶을 사느라 자신의 시간을 낭비하지 않는 삶, 자신에게 진정으로 중요한 것을 행하는 삶. 그것이 바로 자신만의 삶을 살아내는 유일한 방법이다. 스스로 한번 물어보자. 나는 진실로 나만의 삶을 살고 싶은가? 그렇다면 내일 죽을 것처럼 생각하고 오늘에 충실해야 한다. 죽음을 두려워하지 말고 자신이 진정으로 원하는 것을 행해야 한다. 스티브 잡스처럼 말이다.

Stay hungry, stay foolish!

sad chair #8

죽음 앞에서는 외부의 기대, 자부심,
당혹감, 실패의 두려움은 모두 떨어져 나가고,
오직 진실로 중요한 것만 남는다.

The Art of Living 18.

기다림은
존재의 고갈이며,
존재의 경화^{硬化}다

장석주
張錫周, 1954~

여기 누군가를 또는 무엇인가를 기다리는 사람들이 있다. 늦은 밤 막차 시간이 지난 뒤에도 마지막 버스를 기다리는 직장인, 매주 로또 복권을 산 후 토요일 저녁을 기다리는 소시민, 결혼 적령기를 훌쩍 넘기고도 이상형을 기다리는 미혼자, 못다 이룬 꿈이 언젠가 이루어지기를 간절히 기다리는 중년의 가장. 모두가 욕망하는 무엇인가를 기다리는 사람들이다. 어쩌면 인생은 기다림의 연속인지도 모르겠다.

무엇인가를 기다리는 자는 초조하다. 자신이 기다리는 대상이 정말로 올 것인지를 확신할 수 없기 때문이다. 차라리 오지 않을 것이라는 사실을 확인할 수만 있다면 다른 선택이라도 할 텐데, 그런 확신이 없기에 이러지도 저러지도 못하고 있다. 그런 의미에서 기다림은 기다리는 존재에게 내려진 일종의 형벌이다.

욕망하는 무엇인가를 기다리는 사람의 마음은 어떨까? 기다리는 대상에 대한 기대로 기쁠까, 아니면 기다리는 대상이 영원히 오지 않을지도 모른다는 사실로 불안해할까? 상황에 따라 다를 것이다. 프랑스 철학자 모리스 블랑쇼는 "기다림은 기다릴 힘을 마모시키는 것"이라고 했다. 예컨대 여기 누군가(또는 무엇인가)를 무작정 기다리는 사람이 있다고 치자. 그는 언제 올지 모르는 대상을 하염없이 기다린다. 시간이 지날수록 기다릴 힘은 점점 고갈되고 만다. 더는 기다릴 힘이 없을 때 그는 죽음에 이른다. 시인 장석주는 "기다림은 존재의 고갈이며 존재의 경화硬化다"라고 했다. 이런 의미에서 기다림은 존재에게 내려진 유죄 선고다.

기다림은 시간의 흐름에 따라 기다리는 대상에 대한 기대를 마모시키는 행위다. 하염없는 기다림은 시간이 흐를수록 기대는 줄어들게, 불안감은 늘어나게 한다. 기다림이 길어질수록 자기 안에 숨은 욕망은 커지지만 욕망하는 대상은 점점 사라져갈 뿐이다. 기다리는 자는 욕망과 대상 사이의 균열과 불일치로 점점 더 무기력에 빠져든다. 하지만 기다리는 자가 할 수 있는 일은 별로 없다. 오로지 기다리는 것뿐이다.

여기 한 남성이 있다. 그는 지금 애인을 기다리고 있다. 지난밤 심하게 다투었기 때문에 그녀가 약속 장소에 나타나리라는 확신은 없다. 벌써 약속한 시간이 한 시간이나 지났다. 하지만 그는 '그녀를 위해' 기다린다. 그런데 엄밀히 말하면 '그녀를 위해' 기다린다는 말은 거짓이다. 기다림은 오로지 기다리는 주체의 몫이기 때문이다. 지금 남성은 '그녀를 위해' 기다리는 것이 아니라 '자신을 위해' 기다린다. 기다림은 오로지 기다리는 자를 위한 행위다. 기다리는 것도, 기다림을 그만두고 일어나는 것도 자신의 몫이다. 그녀와는 무관한, 오로지 자신의 욕망에서 생겨난 선택일 뿐이다. 이처럼 기다림은 욕망하는 타자의 부재不在 속에서 이루어지는 주체의 초조한 몸부림에 불과하다.

기다림은 앞의 예에서처럼 남녀관계에서만 발생하는 것은 아니다. 삶을 살다 보면 무엇인가를 기다려야 하는 순간이 자주 발생한다. 기다림의 의미와 본질을 제대로 이해하기 위해서 아일랜드 출생의 프랑스 소설가인 사뮈엘 베케트의 희곡 〈고도를 기다리며〉를 살펴보자. 다음 상황은 그의 희곡에 나오는 한 장면이다.

> 에스트라 공: 멋진 경치로군. (블라디미르를 돌아보며) 자, 가자.
> 블라디미르: 갈 순 없어.
> 에스트라 공: 왜?
> 블라디미르: 고도를 기다려야지.
> 에스트라 공: 참 그렇지.
> — 사뮈엘 베케트, 《고도를 기다리며》

〈고도를 기다리며〉를 연극으로 보면 기다림이 기다리는 주체에게 어떤 기분을 느끼게 하는지 잘 알 수 있다. 막이 오르면 무대에는 시골 길 위에 말라비틀어진 나무 한 그루가 덩그러니 서 있다. 주인공 블라디미르와 에스트라 공은 그곳에서 '고도^{Godot}'를 기다린다. 하지만 그들은 고도가 누구인지, 어디에서 오는지, 왜 오는지, 언제 오는지도 모른다. 그럼에도 하염없이 기다린다. 그러나 고도는 끝내 오지 않고, 그렇다고 별다른 사건이 일어나는 것도 아니다. 아무 일 없이 시간만 흐를 뿐이다. 2막에서도 1막의 내용과 거의 비슷하게 진행되다가 끝난다. 한마디로 권태롭고 허무하기 짝이 없는 연극이다. 무엇인가가 일어나기를 기대한 관객은 당황스럽기까지 하다. 끝끝내 아무런 사건도 없이 끝나버리기 때문이다.

여기까지 대강의 줄거리를 들어본 사람이라면 연극 〈고도를 기다리며〉를 보러 갈 마음이 생길까? 사람들 대개는 굳이 이 연극을 보고 싶다고 생각하지 않을 것이다. 자신이 돈을 내야 하는 상황이라면 더욱 그렇다. 이 연극은 내용도 없고 줄거리도 따분해서 재미있을 것 같지가 않다.

연극의 재미와 별개로 흥미로운 사실은 〈고도를 기다리며〉에서 연출된 장면이 우리가 살아가는 모습과 흡사하다는 점이다. 많은 사람이 왜 오는지, 언제 오는지, 어디서 오는지도 모르는 고도를 기다린다. 하지만 애타게 기다리던 고도는 끝내 오지 않고 인생이라는 연극은 끝나버린다. 물론 고도의 의미는 사람마다 다르다. 어떤 이에게 고도는 '꿈'일 수도 있고 '이상형'일 수도 있다. 심지어 어떤 사람에게는 로또 복권 같은 '횡재'일 수도 있다. 즉 사람들이 욕망하는 모든 것이 고도다.

사람들은 대부분 고도를 갈망하지만, 연극에서 그랬듯이 고도는 좀처럼 등장하지 않는다. 왜 그런 것일까? 블라디미르와 에스트라공처럼 단지 기다리기만 해서가 아닐까? 그렇다. 아무런 조치도 취하지 않은 채, 단지 기다리고만 있으므로 고도는 오지 않는다. 인생이라는 연극에서도 마찬가지다. 우리가 욕망한다고 해서 고도가 무조건 등장하지는 않는다. 고도가 등장하지 않기에 인생이란 연극은 대부분 재미없고 지루하게 흘러가기 십상이다. 마치 〈고도를 기다리며〉 연극처럼 말이다. 특별한 사건도 없고 색다른 반전도 없다. 한마디로 많은 사람의 인생은 한 편의 재미없는 연극일 뿐이다.

그렇다면 인생이라는 연극을 재미있게 만들려면 어떻게 해야 할까? 사건을 만들고 반전의 기회를 만들어야 한다. 어떻게? 실제로 고도가 등장하게 하면 된다. 인생이라는 연극에서 고도를 등장시키기 위해서는 단지 기다리기만 해서는 안 된다. 그것(고도)이 왜 안 오는지, 언제 올 예정인지를 따져 물어야 한다. 또 어떻게 하면 오게 할 수 있는지, 그 방법을 찾아야 한다. 그래도 오지 않는다면 자신이 직접 고도를 찾아 나서야 한다. 그럴 때에만 새로운 사건이 만들어지고 반전이 일어난다. 새로운 사건과 반전의 묘미가 많을수록 연극은 재미있어지는 법이다.

이제 우리 자신에게 질문해보자. 나는 지금 고도를 기다리고 있는가? 단지 기다리고만 있는가, 아니면 고도를 찾아 나섰는가? 기다림은 욕망하는 고도의 현존現存을 맞이하기 위해 시간의 흐름을 지속하는 행위다. 하지만 아무리 기다려봤자 고도는 오지 않고 시간만 흘러갈 것이다. 항상 먼저 끝나는 것은 기다림이 아니라 기다리는 사람이다. 사람은 유한한 존재지만 기다림은 무한하기 때문이다. 결국 기다리기만 해서는 고도를 만나지 못한다. 먼저 고도를 찾아 나서야 한다. 그래야만 내 인생이라는 연극이 재미있어진다.

얼핏 지루하고 따분해 보이는 〈고도를 기다리며〉는 우리에게 의미 있는 통찰을 제공한다. 바로 우리의 인생이 단지 기다리는 행위만으로 이루어져 있다면 권태로울 수밖에 없다는 경고다. 하이데거라면 고도를 기다리기만 하는 사람들에게 이렇게 조언할지도 모르겠다. "불확실한 미래를 향해 자신을 내던져라. 고도를 기다리지 말고 찾아 나서라."

재미있는 인생을 살고 싶다면 고도를 기다릴 게 아니라 직접 찾아 나서야 한다. 불확실한 미래를 향해 자신을 내던져야 한다. 그럴수록 고도를 만날 기회가 많아지고, 재미있는 인생도 만들어갈 수 있다.

지금 당신이 연출하고 있는 연극(인생)은 재미있는가?

sad chair #9

우리는 왜 오는지, 언제 오는지,
어디서 오는지도 모르는 '고도'를 기다린다.
하지만 애타게 기다리던 고도는 끝내 오지 않고
인생이라는 연극은 끝나버린다.

The Art of Living 19.

행복은
힘들 뿐만 아니라
드물다

바뤼흐 스피노자
Baruch Spinoza, 1632~1677

철학적인 질문 하나, 사람은 왜 살며 무엇을 위해서 사는 것일까? 이러한 질문에 조금의 망설임도 없이 쉽게 대답하는 사람은 뜻밖에 많지 않다. 대체로 철학적 질문은(그것이 아주 간단한 질문이라고 하더라도) 좀처럼 쉽게 답하기가 어렵다. 왜 그럴까? 우리가 철학적인 사유를 하지 않기 때문이다. 철학적인 생각을 하지 않기에 철학적인 질문에는 문외한이 되고 만다. 그렇다면 일단 앞의 질문에 답한 어느 철학자의 답변을 들어보자. '철학자'다운 답변에 절로 고개가 끄떡여질 것이다.

고대 그리스의 철학자 아리스토텔레스에게 "왜 사는가" 하고 물으면, 그는 이렇게 대답한다. "인간이 추구하는 모든 활동은 궁극적으로 행복을 얻기 위해서다." 그는 인간이 사는 이유가 바로 '행복을 얻기 위해서'라고 단언했다. 살면서 행복에 대해서 구체적으로 생각한 적이 많지 않다고 하더라도 누구나 행복하기를 원한다는 사실만큼은 부정하기 어렵다. 행복이란 생활에서 충분한 만족과 기쁨을 느끼는 상태로, 이를 싫어하거나 기피하려는 사람은 별로 없다. 그렇다면 인간이 살아가는 목적이자, 대부분 사람이 추구하는 행복은 쉽게 찾아올까? 불행히도 이 질문에 대한 답변은 부정적이다. 사람들은 대체로 스스로를 행복하다고 생각하기보다는 불행하다고 느낄 때가 많기 때문이다. 최고의 행복을 추구했던 철학자 스피노자도 행복이 쉽게 찾아오지 않는다고 보았다. 먼저 그의 주장을 들어보자.

> 만일 행복이 눈앞에 있다면 그리고 큰 노력 없이 찾을 수 있다면, 그것이 모든 사람에게서 등한시되는 일이 도대체 어떻게 있을 수 있을까? 모든 고귀한 것은 힘들 뿐만 아니라 드물다.
> ― 스피노자, 《에티카》

스피노자의 주저主著인 《에티카》의 맨 마지막에 나오는 문장이다. 그의 주장은 얼핏 생각하기에 행복과 같이 고귀한 것은 얻기가 어렵다는 의미로만 이해되기 쉽지만, 그보다는 인간의 정신 능력을 강조한 표현이다. 다시 말해 고귀한 정신을 통해 어렵고 불가능해 보이는 행복을 찾아내야 한다는 것이다.

우리의 삶을 돌이켜 생각해보면 대체로 "모든 고귀한 것은 힘들 뿐만 아니라 드물다"는 말에 수긍이 간다. 예컨대 세속에 흔들리지 않고 인생을 똑바로 살 수 있는 지혜, 도덕적이면서도 풍족한 삶, 다른 사람에게 진심 어린 존경을 받는 일, 일을 통한 만족과 성취 등 고귀한 것들은 대체로 얻기가 어렵다. 또한 이를 성취한 사람을 만나보기도 어렵다. 그만큼 고귀한 것은 '드문' 일이 맞다. 행복도 그와 같지 않을까? 사람들은 누구나 행복해지기를 원하지만 막상 행복한 삶을 살기가 어렵고, 주변에서도 진정으로 행복하게 사는 사람을 찾기가 어렵다.

　자신에게 질문을 하나 해보자. 나는 지금 행복한가? 개인마다 차이가 있겠지만 이 질문에도 간단히 답하기가 쉽지 않다. 우리의 감정은 하루에도 수없이 행복과 불행 사이를 왔다갔다하기 때문이다. 공리주의 철학자로 잘 알려진 존 스튜어트 밀은 "나는 지금 행복하냐고 자기 자신에게 물어보면, 그 순간 행복하지 않다고 느낀다"고 말했다. 소설가 헤르만 헤세도 "그대가 행복을 추구하는 한, 그대는 언제까지나 행복해지지 못한다"고 주장했다. 여러 사람의 주장에서도 알 수 있듯이, 행복은 누구에게나 쉽게 주어지지 않는다. 마치 행복이라는 파랑새는 자신을 잡으려고 하는 사람의 손에는 절대 날아와 앉지 않는 것처럼 말이다.

　이처럼 행복은 얻기도 어렵고 드물기도 하므로 대다수 사람이 행복보다는 행운을 기대하는지도 모르겠다. 행운幸運은 '좋은 운수'다. '운運'이란 '인간의 힘으로는 어쩔 수 없는 기운'이기에, 개인이 노력한다고 해서 주어지는 게 아니다. 마치 노력한다고 해서 로또 복권 일등에 당첨되지 않는 것과 같은 이치다. 반면에 행복은 행운과는 다르다. 행복은 자신의 노력 여하에 따라서 얻을 수도 있고 얻지 못할 수도 있다. 다시 말해 행복은 얻기 위해 노력한 뒤에야 비로소 주어지는 것이다.

　노력하지 않았는데도 찾아온 좋은 것은 모두 '행운'에 불과하다. 행복과는 무관하다. 이것이 행복과 행운의 근본적인 차이다. 하지만 사람들은 행복과 행운을 특별히 구분하지 않는 경우가 많다.

가령 누군가가 복권에 당첨되었다면, 사람들은 그가 행복한 삶을 살아가리라고 생각한다. 하지만 단정할 수 없다. 복권 당첨은 행복이 아니라 행운이기 때문이다. 돈이 갑자기 많아졌다고 반드시 행복해지는 것도 아니다. 오히려 갑자기 생긴 큰돈으로 불행해지기도 한다. 실제로 복권에 당첨되어 큰돈을 번 사람이 허랑방탕한 생활을 하다가 비극적인 인생을 살아가는 예가 심심찮게 존재한다. 갑자기 돌아가신 부모가 남긴 큰 재산을 두고 형제들 간에 소송이 벌어지는 일도 종종 있다. 이처럼 운 좋게 주어진 행운이 반드시 행복을 보장하지는 않는다.

그럼에도 주변을 둘러보면 행복보다는 행운을 기대하는 사람이 더 많다. 인생을 행운에 의존하는 사람은 자신의 삶을 하늘에 맡기는 사람이다. 잘될지 안 될지는 아무도 모른다. 하늘만 알 따름이다. 잘될 가능성과 잘못될 가능성이 반반인 것도 아니다. 정확하게 말하자면 행운에만 기대는 사람이 잘될 가능성은 거의 없다. 행운만 바랄 뿐 노력을 하지 않기 때문이다. 노력하지 않는 자에게는 행운도 찾아오기 어렵다. 설령 행운이 찾아왔더라도 그것이 행복을 보장하지도 않는다. 앞서 말했듯 행복은 노력의 결과물이지, 우연의 산물이 아니기 때문이다.

자신에게 한번 물어보자. 나는 살면서 행복을 바라는가, 행운을 바라는가? 지금 지갑 속에 로또 복권이 들어 있다면 후자에 가까운 사람이다. 어떤 사람은 이런 의문이 들 것이다. "나는 아주 가끔 로또를 사는데 어디에 속할까?" 그런 경우도 당연히 후자다. 끊임없이 요행만을 바라며 사는 사람은 별로 없다.

행운은 완전히 배제한 채 행복만을 추구하면서 살기는 어렵다. 삶이 어렵고 힘들 때 가끔은 행운이 찾아오길 기대하는 것은 자연스러운 일일 수도 있다. 하지만 행운은 기대한다고 찾아오는 게 아니므로 그 역시 '헛된 기대'에 불과하다.

삶이 어렵고 힘들수록 헛된 기대에 집착하기보다는 현실을 직시하고 온몸으로 맞서야 한다. 그럴 때에만 행운과도 같은 뜻밖의 행복이 찾아오는 법이다. 《레 미제라블》을 쓴 프랑스의 대문호 빅토르 위고는 이렇게 말했다. "궁핍은 영혼과 정신을 낳고 불행은 위대한 인물을 낳는다."

삶이 어려울수록 현실과 맞서는 위대한 정신이 필요하다. 아무리 힘들지라도 행복을 얻기 위해서는 현실과 당당히 부딪혀야 한다.

The Art of Living 20.

현명한 사람은 자족^{自足}할 것이다

루키우스 세네카
Lucius Annaeus Seneca, B.C. 4?~A.D. 65

인생을 살다 보면 누구나 한 번쯤은 좌절을 경험한다. 자신의 계획대로 일이 풀리지 않아서 실패를 경험하면 원래의 마음은 온데간데없이 사라지고 절망에 휩싸인다. 극심한 좌절감에 빠지면 무언가를 다시 시작해볼 엄두조차 나지 않는다. 그렇기에 사람들은 인생에서 좌절을 겪고 싶어 하지 않는다. 하지만 좌절은 우리의 요청에 따라 방문을 미루는 관용을 베풀지 않는다. 원치 않는 이에게도 무턱대고 찾아가는 불청객이 바로 '좌절감'이다.

사람들은 좌절감이 찾아왔을 때 어떻게 대처할까? 포기할까, 아니면 극복하기 위해서 맞설까? 물론 상황에 따라서 대처 방법이 다를 것이다. 하지만 성공한 사람들의 이야기에 조금이라도 귀를 기울여본 사람이라면, 좌절감을 불러일으키는 현실에 처했을 때 당당히 맞서는 것이 더 나은 방법이라는 사실을 잘 안다. 그렇기에 성공한 사람들은 목소리 높여 이렇게 주장한다. "어떤 상황이 오더라도 절대 포기하지 말고 맞서라!"

"절대 포기하지 말고 맞서라!" 얼핏 생각하기에는 합당한 말 같다. 그런데 우리가 인생을 살아가면서 가슴속에 항상 새겨두어야 할 경구로 정말 합당할까? 어떤 상황에서도 범용적으로 적용되는 삶의 진리일까? 포기하지 않고 당당히 맞서는 것이 언제나 현명한 일일까? 단정적으로 결론을 내리기에 앞서 이 문제를 푸는 데 도움을 줄 만한 철학자를 만나보자. 그 철학자는 로마 시대 네로 황제의 스승이며 스토아학파 철학자인 세네카다. 그는 사람들에게 언제든지 좌절감을 주는 현실이 닥칠 수 있다고 경고한다. "모든 것에 기대를 거는 한편으로 어떤 일이든 다 닥칠 수 있다고 예측해야 한다."

세네카는 사람들에게 나쁜 일이 일어날 가능성을 고려하라고 요구하면서도, 한편으로는 나쁜 일의 결과가 우리가 두려워하는 것만큼 끔찍하지는 않을 수 있다고 덧붙였다.

실제로 우리가 좌절감을 불러올 만한 현실에 직면했다면 그는 어떤 조언을 할까? 가령 어떤 사람이 교통사고가 나서 한쪽 다리를 잃었다고 치자. 그에게 어떤 말을 해줄까? 갑작스러운 불행이 닥쳤을 때 '어떻게 대응하는가'가 중요하다고 본 세네카는 "(현명한 사람은) 모든 것을 잘못 해석하지 않는다"고 말했다. 사고로 한쪽 다리를 잃은 사람에게 그는 '해석'을 잘하는 것이 중요하다고 조언한 것이다. 불행한 사고를 당한 사람을 앞에 두고 대책 없고 무책임한 말이나 하고 있다고 느껴지겠지만 그의 말을 좀 더 들어보자.

> 현명한 사람은 자족할 것이다. (……) 만약 질병이나 전쟁으로 한쪽 손을 잃게 되거나, 사고로 한쪽 다리 혹은 두 다리를 모두 잃는다고 해도 현명한 사람은 남은 것에 자족할 것이다.
> — 세네카, 《인생론》

'자족自足'은 스스로 족하다(넉넉하다)고 믿는 것을 말한다. 세네카의 '자족한다'는 표현을 잘못 이해하면 그의 말이 모순처럼 들린다. 사고로 한쪽 다리를 잃은 사실에 스스로 만족하면서 행복을 느끼라는 것처럼 들리기 때문이다. 그런데 세네카는 현명한 사람이라면 잘못 해석하지 않는다고 했다. 무슨 뜻일까? 선뜻 받아들이기는 어렵겠지만, 한쪽 다리를 잃는다고 해도 살지 못하는 것은 아니다. 단지 불편할 뿐이다. '정상인의 다리는 둘'이라는 것은 단지 만들어진 관념에 불과하다. 그래서 세네카는 "남은 것에 자족"하는 것이 현명하다고 말하는 것이다. 즉 한쪽 다리만으로도 넉넉하다고 믿는 것이 현명한 사람의 해석이다.

"현명한 사람은 자족한다"는 말에는 행복에 대한 스토아학파의 중심 철학이 녹아 있다. 질문 하나를 더 해보자. 얼마의 돈을 가지면 행복해질까? 10억, 아니면 100억? 조 단위 이상의 천문학적인 돈을 가진 재벌은 항상 행복할까? 반드시 그런 것만은 아니다(그렇게 큰돈을 가져보지도 못했으면서 어떻게 그렇게 단정적으로 말하느냐고 반문하지는 말자). 중요한 것은 스스로 넉넉하다고 느끼는 마음이다. 그렇다. 100억을 가지고도 만족하지 못하는 사람이 있는가 하면 1000만 원으로도 만족하는 사람이 있다. 행복의 척도는 많고 적음의 객관적인 양量이 아니라, 그것을 해석하는 질質이다.

그렇다고 해서 세네카가 물질적인 측면을 부정하지만은 않았다. 흔히 스토아학파의 철학을 '절대적 금욕주의'로 이해하는데, 정작 스토아학파 철학자들은 빈곤을 찬양하지 않았다. 단지 가난이 두려워하거나 경멸할 대상은 아니라고 보았을 뿐이다. 현명한 그들도 운명의 여신이 주는 선물을 거부하지 않았다(실제로 세네카 자신도 꽤 호화스러운 삶을 살았다). 그들이 현명하다고 인정받는 이유는 갑작스러운 빈곤이 닥쳤을 때 그 상황에 대응하는 태도 때문이다. 그들은 갑자기 빈곤이 닥쳐도 분노를 느끼거나 낙담하지 않았고, 있는 그대로의 현실을 받아들였다.

한편 세네카는 인간을 짐마차에 묶여 있는 개에 비유했다. 그의 말을 들어보자.

> 우리는 어디로 향할지 예측 불가능한 짐마차에 묶여 있는 개와 비슷하다. 우리를 묶은 사슬은 우리에게 어느 정도 움직일 여유를 줄 만큼 길기는 하지만, 그렇다고 우리가 원하는 대로 어디든지 돌아다닐 수 있을 만큼 넉넉하지는 않다.
>
> — 세네카, 《인생론》

무저항과 평온함이 행복을 얻는 비결이라는 말처럼 들리기도 하고, 한편으로는 현실의 좌절 앞에서 그저 체념하라고 부추기는 것 같기도 하다. 그러나 세네카의 의도는 이보다 훨씬 심오하다. 우리가 마음먹은 대로 만들어갈 수 있는 현실이 있고 반대로 절대 변화할 수 없기에 평온한 마음으로 받아들여야 할 현실이 있는데, 이 둘을 구분할 줄 알아야 한다는 것이다. 세네카는 그 능력이 바로 '지혜'라고 말한다.

이제 자신에게 질문해보자. 나는 좌절감에 직면했을 때 대체로 어떻게 하는가? 포기하는가, 맞서는가? 앞서 말했듯이 이 질문에 정답이란 존재하지 않는다. 하지만 지혜는 필요하다. 포기하지 않고 맞서야 할 상황인지, 아니면 평온한 마음으로 받아들여야 할 상황인지를 구분할 수 있어야 한다.

우리에게는 갑작스러운 사건이나 원치 않는 불행을 바꿀 만한 힘이 없다. 하지만 그 상황을 대하는 태도를 선택할 자유는 있다. 그러한 자유를 잘 활용하는 사람이 지혜로운 사람이다. 주어진 현실을 올바르게 판단하는 지혜, 그것이 행복의 전제조건인 셈이다.

The Art of Living 21.

만약 나의 소유가
곧 나의 존재라면,
나의 소유를 잃을 경우
나는 어떤 존재인가?

에리히 프롬
Erich Fromm, 1900~1980

"새해 복 많이 받으세요." 해마다 새해가 되면 자주 주고받는 덕담이다. 덕담德談이란 말 그대로 '덕이 담긴 말씀'이다. 새해가 되면 사람들은 상대방이 잘되기를 바라는 마음에서 이와 같은 덕담을 주고받는다. 그렇다면 복福이란 도대체 무엇일까? 사전에서는 복을 '삶에서 누리는 좋고 만족할 만한 행운, 또는 거기서 얻는 행복'이라고 정의했다. 그런 의미로 치자면 좋은 집, 좋은 차, 능력 있는 배우자, 남들이 부러워하는 직업, 높은 연봉과 지위 등은 모두 복된 것이다.

그렇다면 "복 많이 받으세요"라는 덕담을 많이 받은 사람에게는 정말로 복된 것들이 주어질까? 대부분은 매년 그와 같은 덕담을 수도 없이 많이 듣지만, 정작 현실에서는 복된 것들을 좀처럼 가질 수 없다. 그렇지 않은가? 결국 새해가 되면 으레 건네는 덕담도 실제적인 삶과 무관한 인사치레에 불과한 셈이다. 그래서 그런지, 최근에는 복 받으라는 상투적인 표현보다는 상대의 상황에 맞게 "사업 번창해서 돈 많이 벌어라, 좋은 회사에 취직해라, 훌륭한 배필을 만나서 결혼해라" 등과 같은 맞춤형 덕담을 더 자주 주고받는 것 같다.

재미있게도 최근 사람들의 입에 자주 오르내리는 덕담에는 공통점이 있다. 바로 대부분의 덕담이 '무엇인가를 얻기를 바란다'는 메시지를 담고 있다는 것이다. 주로 돈, 지위, 명성 등 무엇인가를 가지라는 '소유적' 메시지가 대부분이다. 이와는 달리 "더 많이 베풀어라, 더 많이 사랑해라, 더 깊이 사색해라" 등 소유적이지 않은, 다시 말해 '존재적인' 덕담을 베푸는 경우는 드물다. 왜 그런 것일까? 우리의 의식 속에 '무엇인가를 더 많이 소유할수록 복된 것'이라는 인식이 깔려서가 아닐까? 그렇다. 우리는 언제부터인가 사람의 행복과 불행을 평가할 때 그 사람의 '존재'보다는 그가 무엇을 '소유하고 있는가'를 보고 판단한다. 더 많이 가지면 가질수록 더 행복할 것이라는 믿음이 생긴 것이다.

우리가 더 많이 가질수록(소유할수록) 더 행복해질 것이라는 믿음은 사실일까? 결론부터 말하자면 전혀 사실이 아니다. 에리히 프롬이 그의 책 《소유냐 존재냐》에서 주장한 것처럼 행복은 소유적인 것과는 무관하다. 그는 소유적 실존양식을 따르며 사는 사람은 행복하기가 어렵다고 말한다.

> 만약 나의 소유가 곧 나의 존재라면, 나의 소유를 잃을 경우 나는 어떤 존재인가? 패배하고 좌절한, 가엾은 인간에 불과하며 그릇된 생활 방식을 산 증거물에 불과할 것이다.
>
> — 에리히 프롬, 《소유냐 존재냐》

그는 존재가 소유한 것에 근거한 사람은 그 소유물로 행복감을 느끼기보다는 소유물을 잃을세라 줄곧 조바심을 낸다고 했다. 실제로 우리 주변을 돌아보면 돈을 많이 가진 자는 돈을 잃을까 봐, 높은 지위에 있는 사람은 지위를 잃을까 봐 근심하는 모습을 종종 볼 수 있다. 소유물은 그들에게 행복을 주기보다는 불안을 가중시킨다. 즉 아무리 많은 돈을 가졌든 아무리 높은 지위에 있든 그의 소유물은 정작 그를 행복하게 만들어주지 않는다.

이와 달리 소유가 아닌 존재적 실존양식을 가진 사람은 무엇인가를 잃을 걱정으로부터 자유롭다. '존재하는 자아', 즉 '나'는 소유하고 있는 것이 아니기에 누구도 나를 빼앗아 가거나 나의 주체적 느낌을 위협할 수 없다. 존재는 그 자체로 주체이기 때문에 객체적 소유물과는 성격이 다르다. 존재는 주고받거나 강제로 가져갈 수 없다. 따라서 존재를 잃을까 봐 불안해하는 상황은 일어나지 않는다.

한편 소유는 사용하면 할수록 감소하지만 존재는 실천을 통해서 증대되는 속성이 있다. 소유적 실존양식으로 살아가는 사람은 아무리 많은 소유물을 가지고 있더라도 그것을 마음대로 사용하지 못한다. 사용과 동시에 소유물이 감소하기 때문이다. 아무리 가진 것이 많아도 정작 자신은 마음껏 사용하지 못하는데 어떻게 행복할 수 있을까? 금고에 억만금을 쌓아놓고도 돈이 줄어드는 것이 아까워 궁핍하게 사는 구두쇠가 행복하지 않은 것과 마찬가지다.

반면에 존재적 실존양식을 사는 사람은 이와 반대다. 자신의 존재를 더 많이 사용(실천)할수록 더욱 증대되기 때문에 별다른 제약이 없다. 예를 들어 타인을 사랑하기 위해 존재하는 사람은 자신이 가진 사랑을 아무리 많이 사용하더라도 절대 줄어들지 않는다.

오히려 사용할수록 더욱 충만해진다. 그래서 그는 사랑을 베풀수록 (존재할수록) 더 많이 행복해진다.

스페인 속담에 "돈과 명예는 같은 자루에 담을 수 없다"는 말이 있다. 이와 마찬가지로 소유와 존재도 서로 반비례인 속성을 가졌다. 마르크스도 소유와 존재의 관계를 상호 배타적으로 보았다. "그대의 존재가 적으면 적을수록, 그대의 삶을 덜 표출할수록, 그만큼 그대는 더 많이 소유하게 되고, 그만큼 그대의 소외된 삶은 더 커진다." 그는 자신의 존재가 적은 사람이 그만큼 더 소유에 집착하게 됨으로써 정작 자신은 소외된다고 보았다.

중세 독일의 사상가인 에크하르트도 존재적인 삶의 가치를 더욱 중요하게 생각했다. "인간이 깊이 생각해야 할 것은 내가 무엇을 '행해야 할 것인가'이기보다는 나는 과연 '어떤 존재인가'이다."

존재적으로 살라고 조언하는 철학자의 가르침이 소유적 실존 양식에 깊이 젖어 있는 사람들에게는 쉽게 받아들여지기 어려운 측면도 있다. '살면서 소유하지 않고서 어떻게 살란 말인가' 하고 의문이 드는 것도 사실이다. 그렇지만 소유가 행복을 만들어주지 않는다는 점만은 수긍할 것이다.

우리는 종종 간절히 원하는 것을 이루고 난 후에 행복감보다 허탈감을 더 많이 느끼곤 한다. 예컨대 좋은 직장에 들어가면 삶이 무한정 행복해질 것 같았는데, 막상 어렵게 들어간 직장에는 또 다른 불행이 기다리고 있다. 상상하기 어려울 만큼 까다로운 상사나 '진상' 고객, 예상치 못한 허드렛일, 잦은 야근, 좀처럼 갖기 어려운 여가 시간 등 곳곳에 불행의 구덩이가 입을 벌리고 있다.

결혼생활도 마찬가지다. 그(그녀)와 결혼만 하면 장밋빛 인생이 펼쳐질 것 같았는데 정작 결혼생활은 회색빛에 가깝다. 결혼 전에는 그토록 매력적이었던 모습들도 결혼 후에는 초라하게 느껴지고, 예전에는 보이지 않았던 상대방의 치명적인 단점들이 보이기 시작한다(이런 현상 때문에 사람들은 결혼 전 사랑에 빠진 남녀에게 '눈에 콩깍지가 씌었다'는 표현을 쓴다). 이처럼 무엇인가를 소유하기 전에는 그것만 가지면 세상의 모든 행복이 찾아올 것 같은 기분이 들었더라도 정작 손에 넣은 후에는 허무한 생각이 더 지배적이다. 이 같은 현상은 대부분 '소유'와 관련되어 있다. 소유적 관계는 무엇인가를 소유하기 전과 소유한 이후의 감정을 전혀 딴판으로 만든다. 용무가 급한 사람이 화장실 가기 전과 다녀온 후의 기분이 다른 것과 같은 이치다. 그래서 행복의 열쇠는 '소유'가 아닌 '존재'에 있다.

이제 소유 중심의 삶보다는 존재 중심의 삶이 우리에게 더 많은 행복을 가져다준다는 사실에 동의하는가? 그렇다고 하더라도 현실에서 모든 소유적 욕망을 잘라내기란 결코 쉬운 일이 아니다. 우리가 현대사회의 권위적 구조를 받아들이는 정도에 따라서 그만큼의 소유적 실존양식 속에서 살 수밖에 없기 때문이다.

그렇다면 어떻게 해야 존재적 실존양식에 따라 살 수 있을까? 에리히 프롬은 우리가 "소유적 실존양식을 제거하는 데 비례해서 관철될 수 있다"고 말했다. 다시 말해 우리가 소유에 매달리거나 소유물에 집착하는 태도를 버리려고 노력할수록 존재적 실존양식으로 살 수 있다는 것이다. 그러므로 자신이 가진 직업, 직위, 재산, 소유물로 자신을 평가하거나 드러내지 않고, 자신의 내면적인 실재實在를 가꾸기 위해 노력해야 한다. 소유에 집착하는 것이 아니라 "자신의 내면적 실재에 몰두"할 때, 비로소 존재적 실존이 가능해진다.

진정한 행복을 원하는 사람이라면 에리히 프롬의 소유와 존재에 관한 주장에 귀 기울일 필요가 있다. 그는 '소유가 우리에게 과연 행복을 주는가' 하는 근원적인 질문을 던진다. 우리는 매일매일 삶의 문제를 고민한다. 그럴 때마다 무의식적으로 판단의 기준을 자신이 '소유'하고 싶은 것에 두는 경우가 많다. 하지만 문제는 노력해서 그것을 소유했다고 하더라도 기대와는 달리 큰 행복을 가져다주지 않는다는 데 있다. 그렇게 되면 소유하기 위해 지금까지 기울인 노력이 헛된 것이 되고 만다. 한마디로 삶이 허무해진다.

행복의 답은 소유가 아닌 존재에서 구해야 한다. 존재적 실존양식만이 우리의 삶을 소외시키지 않고 풍요롭게 만들 수 있다. 행복해지고 싶다면 이제부터 자신의 존재 방식을 소유가 아닌 존재 중심으로 바꾸어야 한다. 먼저 주변 사람들에게 건네는 덕담부터 존재적 표현으로 바꾸어보자. "새해에는 대박 나세요!" 아니다, 이렇게 바꾸어보자.

"새해에는 더 많이 사랑하세요!"
"더 많이 사색하세요!"

sad chair #10

우리가 깊이 생각해야 할 것은
'무엇을 행해야 할 것인가'가 아니라
'나는 과연 어떤 존재인가' 하는 문제다.

The Art of Living 22.

비관주의는
기분의 산물이고
낙관주의는
의지의 산물이다

알랭
Alain, 1868~1951

아리스토텔레스는 인간의 궁극적인 목적을 '행복'이라고 보았다. 그에 따르면 "행복을 제외하고는 모든 것을 수단으로 선택"해야 한다. 행복만이 궁극적인 목적이다. 당신은 왜 사는가? 세부적인 답변에는 차이가 있겠지만 '행복'을 지향한다는 측면에서는 같다. '가족을 위해서 산다'는 사람도, '돈을 위해서 산다'는 사람도, '특정한 취미를 위해서 산다'는 사람도 모두 행복이 목적이다.

사람들에게 "당신은 지금 행복한가"라고 물으면 개인마다 다른 대답을 할 것이다. 어떤 이는 행복하다고 말할 테고 어떤 이는 몹시 불행하다고 말할 것이다. 그렇다면 자신이 행복하다고 느끼는 사람과 불행하다고 느끼는 사람 간에는 실제 현실의 조건에서도 차이가 있을까? 결론부터 말하자면 전혀 그렇지 않다. 행복이란 어떤 대상으로부터 객관적으로 주어지는 감정이 아니라 기대와 실제 간의 상호작용으로 나중에 만들어지는 선택적인 감정이기 때문이다.

현실의 조건이 아무리 훌륭하다고 하더라도 애초 자신의 기대를 충족시키지 못한다면 행복감을 느끼기가 어렵다. 반면 다른 사람이 보기에는 현실의 조건이 초라할지라도 당사자가 자신의 기대를 뛰어넘는 수준이라고 생각한다면 행복감을 느낄 수 있다. 가령 생일에 애인에게 수백만 원을 호가하는 명품 가방을 선물받은 사람보다 손수건 한 장을 선물 받은 사람이 더 행복하다고 느낄 수 있다(물론 이 말에 동의하지 않는 사람도 많겠지만 사실이다. 물론 흔치 않은 경우라는 건 인정한다).

그렇다면 자신을 행복하다고 느끼는 사람이 많을까, 아니면 불행하다고 느끼는 사람이 많을까? 안타깝게도 현실에서는 자신이 불행하다고 느끼는 사람이 더 많다. 쇼펜하우어가 말했듯이 "우리의 삶은 무난한 축복과 안전을 쓸데없이 어지럽히는 작은 사건의 연속"이기 때문이다. 살다 보면 얼마쯤의 걱정과 고뇌가 항상 우리를 괴롭힌다. 또한 우리가 손에 넣으려는 것은 모두 우리에게 저항한다. 돈이 그렇고, 사랑이 그렇고, 하는 일이 그렇다. 그래서 좀처럼 행복감을 느끼기가 어렵다. 이러한 현실 때문에 스피노자는 행복에 대해 "힘들 뿐만 아니라 드물다"고 표현했는지도 모르겠다.

아무튼 우리는 대체로 불행하다. 그렇다면 어떻게 해야 하는가? 인생에서 행복을 얻는 방법은 없을까? 100퍼센트 만족스럽진 않겠지만 알랭이라는 필명으로 더 유명한 프랑스 철학자 에밀 샤르티에로부터 도움을 받을 수 있다. 알랭은 행복을 의지와 자기극복의 산물로 보았다. 또한 그는 자신의 저서 《행복론》에서 불행은 쉽게 주어지지만 행복은 쉽게 주어지지 않는다고 주장했다. 먼저 그의 이야기를 들어보자.

불행해지고 불만스러워지는 건 어려운 일이 아니다. 사람들이 즐겁게 해주길 기다리는 왕자처럼 앉아 있기만 하면 된다. (……) 그러나 행복하게 된다는 것은 언제나 어려운 일이다. 나에게 분명한 것은 행복해지기를 원치 않으면 행복해질 수 없다는 것이다. 그러므로 우선 자기가 행복해지길 원하고 이를 만들어가야 한다. — 알랭, 《행복론》

그는 우리가 불행해지려면 가만히만 있어도 그렇게 되지만 행복은 자기가 원하고 만들어가야 한다고 했다. 그의 주장대로라면 대부분 사람이 불행하다고 느끼는 이유를 짐작할 수 있다. 과연 그 이유는 무엇일까? 바로 가만히 앉아서 기다리기만 하기 때문이다. 그래서 행복은 찾아오지 않고, 불행이 대신 찾아와 우리의 삶을 불만족스럽게 만든다. 그렇다면 어떻게 해야 할까? 알랭은 인간이 행복해질 수 있는 두 가지 방법을 조언한다. 첫째, 자기 불행을 남에게 말하지 말 것. 둘째, 주어진 삶에서 아름다움을 포착하는 방법을 배울 것.

옛 속담에 "기쁨은 나누면 배가 되고, 슬픔은 나누면 반이 된다"는 말이 있다. 사람들은 흔히 자신의 불행을 남들에게 말하고 위로받음으로써 슬픔을 해소하려고 한다. 하지만 속담과 달리 슬픔, 불평, 불만 등 불행의 표현은 독毒과 같아서 타인을 전염시키고 그 때문에 다 같이 불행에 빠지기 쉽다. 사람은 불행한 사람보다 스스로 만족해하고 행복해하는 사람을 더 좋아한다. 불행에 빠져 불평불만을 말하는 사람을 동정할지는 몰라도 결코 좋아하지는 않는다.

따라서 자신의 불행을 남에게 말하는 것으로는 행복해지지 않는다. 동정은 받을지언정 타인이 좋아하지 않는 사람이 행복해질 수 없는 것은 어찌 보면 당연하다.

　알랭은 주어진 삶에서 아름다움을 포착하는 방법을 배울 것을 권한다. 가령 어느 날 갑자기 비가 온다고 치자. 그 상황에서 어떤 사람은 "지금 비가 오고 있군. 지붕에 빗방울 떨어지는 소리가 아름답게 들려. 빗물에 씻겨 한층 산뜻해지고 깨끗한 세상이 펼쳐지겠군"이라고 말하며 행복해할 수도 있다. 반면 어떤 이는 "괜히 비가 내려서 새로 입고 나온 바지가 흙탕물에 젖었어. 이 재수 없는 비"라며 투덜거릴 수도 있다. 이러한 불평은 비를 멎게 하기는커녕 또 다른 불행을 불러오기 쉽다. 독일의 시인 하이네도 이런 말을 했다. "선한 사람은 세상에서 그의 천국을 경험하고, 악한 사람은 그의 지옥을 경험한다." 행복도 이와 마찬가지 아닐까? 그렇다. 결국 행복도 우리가 세상과 만나 해석하는 능력이나 태도에 달렸다. 그러므로 행복해지려면 주어진 현실에서 아름다움을 발견하는 능력이 필요하다.

　알랭은 '행복 만들기'를 투쟁이라고 표현했다. 우리의 삶에는 때때로 극복할 수 없는 사건이나 감당하기 어려운 불행이 찾아온다. 그러니 가만히 앉아만 있어도 불행을 겪는다. 하지만 행복하기 위해서는 의지를 갖추고 노력하는 등 투쟁해야 한다. 의지와 노력만이 원치 않는 불행 속에서도 행복을 찾아 나설 힘을 주기 때문이다. 그런 의미에서 알랭은 "비관주의는 기분의 산물이고 낙관주의는 의지의 산물이다"라고 말했다. 행복을 위해서는 그것에 걸맞은 의지가 필요한 법이다.

알랭의 주장에 동의한다고 하더라도 현재 상황이 너무 어렵고 고통스러운 사람이라면 이렇게 반문할지도 모르겠다. "행복이 의지의 산물이라고? 그건 내 처지를 잘 몰라서 하는 소리야. 지금 내 상황은 아무리 노력해도 안 될 정도로 너무 힘든데, 알랭의 주장이 귀에 들어오겠어?"라고 말이다. 그 점은 인정한다. 현실이 너무 가혹해서 '의지'만으로는 극복하기 어려울 수도 있다. 하지만 이때 세네카의 말이 도움을 줄 수 있을 것이다. "인간이 운명과 죽음 그리고 신을 바꿀 수는 없지만, 이에 대한 인간 스스로의 관점과 태도는 충분히 조절할 수 있으며 그것을 통해 운명과 죽음과 신에 승리할 수 있다."

'의지'만으로 눈앞의 가혹한 현실 그 자체를 바꿀 수는 없다. 하지만 세네카의 말처럼 현실을 바라보는 자신의 관점과 태도는 조절할 수 있다. 행복해지려면 의지가 필요하다. 냉혹한 현실 앞에서 가만히 앉아만 있지는 말자. 행복해지기를 바라고 또 행복해지기 위해 부단히 노력하자.

The Art of Living 23.

화폐는 불가능한 일들을
친숙한 일들로 만들며,
자신과 모순되는 것들에게
자신과 입 맞추도록
강요한다

카를 마르크스
Karl Heinrich Marx, 1818~1883

질문 하나, "이 세상에서 가장 힘이 센 존재는?" 슈퍼맨? 틀렸다. 정답은 '돈'이다.

니체가 "신은 죽었다"고 혁명적인 발언을 한 이래로 우리는 절대적인 신으로부터 어느 정도 자유로워졌다. 하지만 믿고 의지했던 존재인 신의 부재는 인간에게 자유를 선사하기보다는 오히려 불안감을 증폭시켰다. 믿고 의지할 대상이 없어졌기 때문이다. 그래서 우리는 또다시 세속적인 신을 모시게 되었다. 절대적인 신을 대신하여 우리의 불안감을 없애줄 세속적인 신은 누구일까? 현대의 대표적인 신은 바로 '돈'이다. 자본주의 사회에서 모든 상품의 가치가 교환가치로 환원되면서부터 '화폐', 즉 돈은 하루가 다르게 자신의 힘을 키워왔고, 오늘날에 와서는 그야말로 전지전능한 힘을 보유하게 되었다. 명실상부하게 과거 절대적인 신이 누렸던 힘과 지위를 그대로 물려받은 것이다.

현대인들은 돈 앞에서 몸을 낮추고, 돈을 위해서 자신을 판다. 어떤 대가를 치러서라도 돈을 가져야만 자신도 힘을 가질 수 있기 때문이다. 그렇다면 돈(화폐)의 힘은 언제부터 강해졌을까? 정확히 알 수는 없지만, 마르크스가 청년 시절이었던 1844년에 쓴 《경제학-철학 수고》에서 그 힌트를 찾아볼 수 있다. 마르크스가 살았던 19세기 초반만 하더라도 이미 화폐의 위력은 대단했나 보다. 그는 이 책에서 괴테와 셰익스피어의 작품을 인용하면서 모든 가치를 전도해버리는 화폐의 우월한 힘을 보여주었다.

금? 귀중하고 반짝거리는 순금? 아니, 신들이여!
이만큼만 있으면, 검은 것을 희게, 추한 것을 아름답게 만든다네. 나쁜 것을 좋게, 늙은 것을 젊게, 비천한 것을 고귀하게 만든다네. (……)
이것은 늙어빠진 과부에게 청혼자를 데리고 온다네.
— 셰익스피어, 〈아테네의 티몬〉

내가 말 여섯 필의 돈을 지불할 수 있다면, 그 말의 힘은 나의 것이 아니겠는가? 나는 힘차게 뛰어가네, 나는 정상인일세. 마치 스물네 개의 다리를 가진 사람처럼 말일세. — 괴테, 〈파우스트〉

셰익스피어가 16세기 후반부에 주로 활동했던 점을 고려하면, 당시 주요한 교환 수단이었던 금은 자본주의가 시작되기 이전부터 이미 대단한 힘을 가졌던 것으로 보인다. 금만 있으면 늙어빠진 과부에게도 청혼자가 찾아올 정도였으니 말이다. 19세기에 들어서면서 자본주의가 본격화되자 화폐의 힘은 더욱 세졌다. 괴테의 비유처럼 다리가 없는 사람에게도 24개의 다리를 만들어줄 수 있을 정도로 전능해진 것이다. 사회문제와 경제문제에 남다른 통찰력을 가졌던 탁월한 청년 사상가 마르크스의 눈에도 이미 모든 가치를 전도시켜버리는 화폐(돈)의 위험성이 포착되었다.

그렇다면 화폐는 어떠한 속성 때문에 이토록 절대적인 힘을 가지게 된 것일까? 그것은 바로 화폐가 가진 절대적인 구매력 때문이다. 자본주의는 모든 상품의 가치를 교환가치로 전환했고, 모든 상품은 화폐로 구매(교환)할 수 있게 했다. 당연히 화폐는 그 어떤 상품보다도 가장 우월한 지위를 차지한다. 반면 나머지 상품은 화폐로 얻을 수 있으므로 고유한 본질적인 가치를 잃어버리고 교환 대상으로 전락해버렸다. 한마디로 화폐가 모든 상품의 왕이 된 것이다. 이제 돈만 가지고 있으면 원하는 것은 무엇이라도 소유할 수 있는 세상이 되었다.

이런 의문이 들기도 한다. "아니, 화폐가 다른 상품보다 우월한 힘을 가지는 게 당연한 것 아닌가? 그런데 그게 뭐가 문제야?" 화폐가 전능한 힘을 가짐으로써 발생하는 문제점 중 하나는 화폐의 속성 앞에 인간도 교환가치로 환원된다는 것이다. 화폐의 힘이 세짐에 따라 인간도 전능하신(?) 화폐 앞에서 되도록 좋은 값에 교환되기 위해 기꺼이 '상품'으로 진열된다. 심지어 좋은 몸값을 받기 위해서라면 자신의 본질적인 가치까지 기꺼이 포기한다. 자신의 가치관도, 성격도, 가족도, 친구도, 심지어 행복까지도.

모든 것이 화폐의 교환가치로 평가되는 체제 아래에서 개인의 성공이란 자기 인품을 얼마나 좋은 값에 파는지에 달려 있다. 그러다 보니 자신의 삶이나 행복보다는 자신의 상품성에 더 큰 관심을 기울인다. 자신을 비싸게 팔수록 성공한 사람이 되는 것이다. 에리히 프롬은 이러한 현상을 '시장적 성격'이라고 표현했다. 시장적 성격은 자신을 상품으로, 그리고 자신의 값을 사용가치가 아닌 교환가치로 체험하는 사실에 근거한다. 가령 취업 면접에 나선 시장적 성격의 개인은 면접관 앞에서 "나는 이런 사람입니다"라고 고유한 자아自我를 소개하지 않고, "나는 당신이 내게서 원하는 바로 그 사람입니다"라고 소개한다. 또한 자신의 자아를 구매자에 맞추어 변화시키기도 한다. 왜? 돈 때문이다. 돈이 전능한 힘을 가졌기에 돈을 벌기 위해 자신을 던진다. 설령 자신의 행복과 관련 있는 것이라도 던진다. 서글픈 현실이다.

화폐는 인간을 교환가치로 환원시킬 뿐만 아니라, 우리가 흔히 본질적이라고 여기는 속성까지도 전도시킨다. 마르크스의 주장처럼 "화폐는 성실함을 성실하지 않음으로, 사랑을 미움으로, 미움을 사랑으로, 덕을 악덕으로, 악덕을 덕으로, 노예를 주인으로, 주인을 노예로, 우둔함을 총명함으로, 총명함을 우둔함으로 전환시킨다." 심지어 화폐로 용감함을 구매할 수도 있으므로 돈만 많다면 영웅이 될 수도 있다. 마르크스는 "용감함을 구매할 수 있는 사람은 그가 비겁하다고 해도 용감한 사람"이 될 수 있다고 했다.

이처럼 화폐는 모든 가치를 전도시킬 수 있는 강력한 힘을 가졌다. 졸부들이 거드름을 피우며 "돈만 있으면 뭐든지 할 수 있다"고 말하는 것도 전혀 틀린 말은 아니다. 마르크스의 주장처럼 "화폐는 불가능한 일들을 친숙한 일들로 만들며, 자신과 모순되는 것들에게 자신과 입 맞추도록 강요"하는 힘이 있기 때문이다. 셰익스피어의 희곡에서 늙어빠진 과부에게 청혼하는 사람이 그랬듯이.

우리는 이 같은 화폐의 위력 앞에서 어떻게 살아야 할까? 우선 화폐 중심의 실존양식에서 벗어나야 한다. 사실 현대의 사회구조 속에서 살아가는 사람이 화폐로부터 자유로워지기는 어렵다. 돈이 없으면 하루라도 살기가 어려운 게 현실이다. 하지만 문제는 우리가 화폐 중심의 실존양식을 추구할수록 행복한 삶과는 거리가 멀어진다는 사실이다. 마르크스의 주장처럼 우리가 더 많이 소유할수록 소외된 삶은 더 커지기 때문이다. 화폐를 더 많이 소유할수록, 화폐의 힘을 더 탐할수록 자신의 존재는 작아지고 자신이 원하는 삶을 살아내기가 어려워진다. 결국 돈의 노예가 될 뿐이다. 우리가 돈의 노예가 되지 않고 행복하게 살아가려면 어떻게 해야 할까? 마르크스는 다음과 같이 주장했다.

> 인간을 인간으로서, 세계에 대한 인간의 관계를 인간적 관계라고 전제한다면 그대는 사랑을 사랑과만, 신뢰를 신뢰와만 등으로 교환할 수 있다. — 마르크스, 《경제학-철학 수고》

마르크스는 먼저 인간적 관계를 회복해야 한다고 주장한다. 화폐 중심의 경제 체제의 요구에 종속되지 않고, 인간의 참된 욕구에 부응하는 삶을 살아야 한다. 인간적인 관계를 위해서 사랑을 사랑으로, 신뢰를 신뢰로 교환해야 한다. 결국 돈이 아닌 인간 본연의 관계를 회복하는 것, 즉 돈보다는 인간을, 사랑을, 신뢰를 더 중요시하는 생활 태도로 바꾸어 나가야 한다. 말처럼 쉽지만은 않다. 하지만 어쩌겠는가? 그 길밖에 없다면 어렵더라도 가야 한다. 만약 우리가 그렇게 하지 못한다면 (마르크스의 주장처럼) 그것 또한 불행한 일이다.

sad chair #11

우리는 인간의 참된 욕구에 부응하기 위해,
그리고 인간적인 관계를 위해서 사랑을 사랑으로,
신뢰를 신뢰로 교환해야 한다.

The Art of Living 24.

역사는
두 번 반복된다.
처음에는 비극으로,
두 번째는 희극으로

카를 마르크스
Karl Heinrich Marx, 1818~1883

"역사는 두 번 반복된다." 마르크스가 헤겔의 말을 언급하면서 했던 말이다. 그의 말을 들어보자.

어딘가에서 헤겔이 언급한 바와 같이 모든 위대한 세계적, 역사적 사건 및 인물들은 두 번 등장한다. 그러나 그(헤겔)는 다음과 같은 말을 덧붙이는 것을 잊었다. 처음에는 비극으로, 두 번째는 희극으로……. ― 마르크스, 《루이 보나파르트의 브뤼메르 18일》

살다 보면 "역사는 두 번 반복된다"는 마르크스의 주장에 고개가 끄덕여질 때가 종종 있다. 여기 한 사람이 있다. 그는 "나는 절대로 아버지처럼은 살지 않겠다"고 다짐한다. 아버지의 삶의 모습이 만족스럽지도, 좋아 보이지도 않았기 때문이다. 그는 과연 아버지처럼 살지 않겠다는 자신의 다짐대로 살아갈 수 있을까? 불행히도 그런 사람 중에 결국 그토록 싫어하던 아버지의 모습처럼 사는 자신을 발견하게 되는 이들이 종종 있다. 마치 부모에게 매 맞고 자란 아이가 정작 자식을 때리는 부모가 되는 것처럼 말이다. 왜 그런 일이 발생할까? 왜 원치 않는 삶이 반복될까?

이 대목에서 우리는 미셸 푸코의 주장에 귀 기울일 필요가 있다. 그는 "왕이 없는 근대에 있는 우리는 삶의 권력에 지배당하고 있다"고 주장했다. 그에 의하면 '지금의 나'는 원래의 내가 아니라 '역사적으로 구성된 나'다. 다시 말해 현재의 나는 내 의지와 관계없이 지금의 모습처럼 살아가도록 '역사적으로 구성된Historical Formation' 것이다. 그는 우리가 알고 있는 진리조차도 시간과 공간을 초월하는 진리 자체가 아니라 "이른바 진리라는 명칭으로 칭해지는 무엇인가에 대해 특정 시기에, 특정 지역에서 역사적, 문화적으로 설정된 특정한 규칙(이 규칙을 푸코는 '에피스테메'라고 부른다)들에 의해 구성된 하나의 형식"에 불과하다고 말했다. 한마디로 진리 자체는 존재하지 않으며 그저 진리라고 불리게 만들어졌을 뿐이라는 것이다.

"우리는 왜 자신이 원치 않는 삶을 반복해서 살아가게 되는가?"라는 질문으로 다시 돌아가 보자. 왜 그럴까? 푸코의 논리대로라면 "역사적으로 그렇게 살도록 만들어졌기" 때문이다. 이것은 무슨 말일까? 우리는 자신의 의지대로 살아가는 것 같지만, 사실은 누군가가 만들어놓은 규칙(에피스테메)에 의해서 스스로 복종하며 살아가는 경우가 많다. 대표적인 규칙이 '돈'이다. 대부분 사람은 모든 것이 돈으로 교환되는 규칙 속에서 살고 있으며 또한 그 돈에 복종하며 산다. 돈! 돈! 돈! 사람들은 돈 때문에 야근하고, 돈 때문에 누군가에게 굽실거리고, 돈 때문에 싸우고, 심지어 돈 때문에 몸을 팔기도 한다. 돈이 최고인 세계에서 돈을 위해 살아가고 있다.

돈에 대한 원초적인 질문을 하나 해보자. 우리는 원래부터 돈이 필요했을까? 태어나면서부터 돈이 필요한 사람은 없다. 어른이 되어가는 동안 돈이 필요한 구조 속에서 살았기 때문에 돈이 필요해진 것이다. 만약 모든 것을 자급자족하는 원시사회에서 태어났다면 어른이 되어서도 돈의 필요성을 느끼지 못했을 것이다. 여기서 핵심은 우리가 원래부터 돈이 필요했던 것은 아니라는 사실이다. 돈으로 교환되는 구조에 놓임으로써 자신도 모르는 사이에 그 규칙대로 살아가고 있을 뿐이다. 극단적으로 말하자면, 누군가가 만들어놓은 '돈'이라는 규칙 속에서 대부분 사람이 돈의 노예로 살아가고 있는 셈이다.

사실 현대인의 위기는 바로 돈 때문에 시작된 것인지도 모른다. 돈이 최고의 규칙인 사회에서 사람 사이의 신뢰는 점점 떨어지는데 돈에 대한 신뢰는 점점 높아진다. 개인의 신용도는 그가 가진 돈에 대한 신용도일 뿐이다. 사람은 믿지 않고 돈만 믿는 세상이 되어버렸다. 자신에 대한 믿음이나 자신감이 낮아질수록 사람들은 돈에 매달린다. 문제는 우리가 돈을 간절히 원한다고 해서 그것이 쉽게 주어지지 않을 뿐만 아니라, 돈이 많아도 우리의 삶이 풍부해지지 않는다는 점이다.

쉽게 동의할 수 없을지도 모르겠지만, 돈이 아무리 많아도 삶이 풍부해지지 않는 예는 의외로 많다. 많은 월급을 받아도 시간이 없어 항상 김밥이나 햄버거로 끼니를 때우는 펀드매니저, 돈은 벌었지만 건강과 가족관계가 모두 망가진 사업가, 토지 보상금 때문에 아버지를 살해한 아들 등은 풍부한 삶을 사는 것일까? 이들에게 돈은 불행의 씨앗처럼 보인다. 삶에서 돈을 중심에 놓으면 정작 우리 인간은 주변으로 밀려나고 만다. 모든 것의 가치를 돈으로 환산할수록 인간의 가치는 낮아질 수밖에 없고 행복은 더더욱 멀어진다. 누군가가 만들어놓은 돈의 규칙 속에서 별다른 자각 없이 살아가는 사이에 우리는 삶에서 진정으로 중요한 것을 잃어버리고 있는지도 모른다. 그러니 자신이 원하는 삶을 살기가 어려울 수밖에.

그렇다면 어떻게 해야 할까? 원치 않는 삶을 살지 않을 방법은 없을까? 푸코는 우리가 현재를 변화시키려면 먼저 지금의 우리를 만든 역사적 구성을 제대로 알아야 한다고 주장한다. 현재 내가 이렇게 사는 배경이나 원인을 생각해보고, 그로부터 다시 새롭게 출발해야 한다는 것이다. 다소 거칠지만 푸코의 주장을 이해하기 쉽게 풀어보자면 다음과 같이 말할 수 있다.

지금 당신의 삶이 만족스럽지 않다면 그것은 당신이 못났거나 부족해서가 아니라, 지금처럼 살게 하는 어떤 조건이 지워졌기 때문이다. 그러므로 지금처럼 살지 않으려면 당신을 그렇게 만든 조건을 찾아서 그것에서 벗어나기 위해 노력해야 한다.

푸코의 말처럼, 현재 자신의 삶이 만족스럽지 않다면 먼저 왜 이렇게밖에 살 수 없는지를 생각해야 한다. 우리의 삶에는 자신이 원치 않는 삶을 살도록 조건 지워진 것이 너무 많기 때문이다. 그런 의미에서 프랑스의 사회학자 알렝 투렌은 다음과 같이 말했다.

"이성 없는 주체는 자신의 정체성에 매몰되며, 주체 없는 이성은 권력의 도구가 된다."

우리를 둘러싼 조건들에서 벗어나려는 주체적 노력이 없다면 우리는 누군가가 만들어놓은 규칙대로 살아갈 수밖에 없다. 특별한 자기 확신이나 철학이 없는 한 우리는 이 압력에서 벗어나기 어렵다. 그렇기에 우리에게는 이성의 힘, 다시 말해 생각하는 힘이 필요하다. 우리의 생각만이 우리를 얽매고 있는 조건에서 벗어날 힘을 줄 수 있다.

한편으로는 이런 생각이 들기도 한다. "푸코의 주장에는 동의하지만, 현실에서 우리를 둘러싼 규칙을 무시하고 살기는 너무 어렵지 않은가?" 쉽지 않다는 점은 인정한다. 그만큼 우리를 옭아매고 있는 조건은 크고 단단하다. 하지만 현실의 조건을 벗어던지기 어렵다는 이유가 원치 않는 삶을 사는 원인이 될 수 없으며, 또 그렇게 벗어던지지 못한 현실 조건이 원치 않는 삶을 정당화해주지도 않는다. 즉 자신이 원하는 삶을 위해서는 힘들고 어렵더라도 삶의 조건이나 규칙들을 생각하고 이를 바꾸기 위해서 노력해야 한다. 지금까지는 자신이 원치 않는 삶을 살아왔더라도 어쩔 수 없다. 비록 '비극'이겠지만 말이다. 하지만 앞으로의 삶을 또다시 원치 않는 삶으로 반복하게 된다면 (마르크스의 주장처럼) 그것은 차라리 '희극'이다.

The Art of Living 25.

진정한 의미에서
사랑에 빠진 사람에게
세상은 존재하지 않는다.
사랑하는 사람이 그것을
대체해버리기 때문이다

호세 오르테가 이 가세트
José Ortega y Gasset, 1883~1955

인간이 느낄 수 있는 감정 중에서 사랑의 감정만큼 특별하면서도 특이한 감정은 없을 것이다. 인생을 살면서 우리는 누구나 한 번쯤은 열렬한 사랑을 경험한다(만약 그런 사랑을 못해본 사람이라면 지금부터 하는 이야기에 쉽게 공감할 수 없을 것이다). 사랑에 빠지면 평소에는 느껴보지 못했던 감정 상태를 경험한다. 황홀하고, 간절하고, 불안하고, 맹목적이고, '딱 이거다'라고 잘라서 말하기 어려운 감정들 말이다. 이러한 복잡미묘한 감정들 때문에 사랑에 빠진 사람의 행동은 다른 사람의 정서로는 이해하기 어려울 때가 있다. 사랑은 원래 그런 것이다.

사랑에 빠져서 특별한 감정 상태를 경험하고 있는 사람의 삶은 어떠할까? 사랑에 빠진 사람은 지금 행복한 삶을 사는 것일까? 답하기엔 조금 미묘하다. 사랑에 빠진 사람이 느끼는 현실과 실제 현실의 상황이 너무나도 다르기 때문이다. 사랑의 감정은 종종 현실을 왜곡한다. 그래서 사랑에 빠진 사람은 객관적일 수가 없다. 사랑에 빠진 사람을 좀 더 정확히 이해하기 위해서는 《사랑에 관한 연구》라는 책을 쓴 스페인 철학자 호세 오르테가 이 가세트를 만나볼 필요가 있다.

오르테가는 꼭 다루어야 할 철학의 핵심적 주제가 사랑이라고 단언했다. 모름지기 철학자라면 그 시대의 사랑을 진단할 의무가 있고 사랑의 가치와 나아갈 길을 제시해야 한다는 것이다. 하지만 《사랑에 관한 연구》라는 그의 책 제목은 매우 낯설게 다가온다. 시인 이성복이 "방법을 가진 사랑은 사랑이 아니다"라고 말했듯이 사랑은 누구나 느끼고 경험하는 주제이긴 하지만, 그렇다고 해서 "사랑이란 바로 이것이다"라고 단정적으로 정의 내리기는 어려운 주제이기 때문이다. 사랑의 방법, 절차, 형태 등을 연구한다고 해서 딱 꼬집어 정의 내릴 수 있겠는가? 하지만 그러한 점 때문에 오히려 독자의 시선을 끄는 책이기도 하다. 이 책에서 오르테가는 정의 내리기 어려운 '사랑'이라는 감정을 철학자다운 통찰력 있는 해석으로 풀어낸다.

"사랑이란 무엇인가?"라는 질문으로 시작되는 이 책은 사랑을 주제로 다룬 책 중 바이블로 여겨지는 스탕달의 《연애론》을 비판한다. 무엇을, 어째서 비판할까? 스탕달은 사랑을 부정적으로 해석했다. 《연애론》의 핵심인 '수정론'을 요약하면 이렇다. "사랑은 구성적으로 허구다." 우리가 어쩌다 실수로 사랑하는 것이 아니라 사랑의 본질 자체가 실수라는 뜻이다. 그래서 사랑은 허구요, 거짓이다. 스탕달은 "사람들은 상대를 있는 그대로 받아들이며 사랑하는 것이 아니라, 자신이 만들어낸 환상을 보고 즐기는 것이다. 그러면서도 스스로는 상대를 있는 그대로 사랑하고 있다고 착각한다"고 주장했다. 다시 말해 사랑은 상대방의 실체나 본질을 보고 느끼는 감정이 아니라 상상이 만들어낸 허구를 보고 느끼는 감정일 뿐이라는 것이다. 그렇기 때문에 착각의 장막이 걷히는 순간 사랑도 신기루처럼 사라진다. "사랑은 환상에 불과하다"고 말하는 스탕달의 주장에 동의하는가?

오르테가는 스탕달의 주장을 다음과 같이 비판한다. "수정론은 스탕달이 진정한 사랑을 경험해보지 못했을 것이라는 의구심을 불러일으킨다. 스탕달은 '돈 후안'을 자주 언급했지만 그는 돈 후안의 경지를 진정으로 이해하지 못한 듯싶다. 왜냐하면 스탕달은 한 번도 여자를 유혹하는 데 성공해본 적이 없기 때문이다." 그는 스탕달이 사랑을 갈망했으나 연애에는 대부분 실패했으며, 재능 있는 작가이긴 하지만 철학적 지평은 그리 넓지 않은 사람으로 평가했다. 따라서 사랑에 대한 그의 주장도 믿을 것이 못 된다는 입장이다.

《스탕달의 인생과 사랑》의 저자 보나르도 스탕달의 연애론이 치명적 결함을 가지는 원인을 그의 엉터리 연애 경험에서 찾았다(스탕달은 해박한 이론적 지식이 있음에도 실제 연애는 거의 성공하지 못했다고 한다). 보나르는 스탕달의 수정론이 사랑의 좌절에 대한 이론, 즉 '왜 사랑이 결국 실패할 수밖에 없는가'를 설명하는 이론이라고 평했다. '사랑에 빠지기'가 아닌 '사랑에 빠지는 것의 허구성'에 역점을 둔 이론이라는 것이다.

그렇다면 오르테가가 말하는 사랑이란 무엇일까? 그는 "사랑은 미를 잉태하려는 열망이다"라는 플라톤의 말을 인용하면서 "사랑은 보다 절대적인 대상, 즉 자신보다 우월한 대상을 찾아가는 여정"이라고 말했다. 달리 말하자면 "사랑은 대상을 향한 끊임없는 에너지"이다. 그에 의하면 사랑은 어떤 대상을 향한 순수한 '감정적 활동'이다. 그렇기에 사랑은 인지하기, 집중하기, 생각하기, 상상하기, 기억하기 등의 지적인 활동과도 다르다. 이러한 오르테가의 주장은 "사랑은 머리로 하는 것이 아니라 가슴으로 하는 것"이라는 말과도 흡사한 측면이 있다.

사랑에 대한 스탕달과 오르테가의 주장에서 차이를 발견했는가? 스탕달은 사랑을 환상, 즉 '대상에 대한 환상을 누적하는 것'이라고 보았고, 오르테가는 사랑을 '대상을 향한 감정적 활동'으로 보았다.

한편 오르테가는 사랑의 본질을 '빠지는 상태'로 보았다. 그에 의하면 '빠짐'이야 말로 인간의 다른 행위와는 구별되는 사랑의 본질이다. 사랑이 대상을 향한 활동이므로 사랑을 하는 사람은 대상에 집중한다. 바로 이 대상에 집중한 상태가 '빠짐'이다. 우리가 흔히 "사랑에 빠졌다 Fall in love"라는 표현을 쓰는 것도 바로 이런 이유 때문일 것이다.

불타는 사랑을 경험해본 사람이라면 '사랑은 빠지는 상태'라는 오르테가의 주장에 절로 고개가 끄덕여질 것이다. 우리가 누군가를 사랑하면 수많은 존재를 뒤로한 채, 오직 한 사람에게만 신경이 쏠리는 경험을 한다. 사랑하는 사람에게만 집중하고 나머지 대상은 마치 이 세상에 없었던 것처럼 저절로 주변으로 밀려난다. 집중은 주변의 다른 대상은 보지 않고 오직 한 가지에만 모든 것을 쏟는 행위를 말한다. 이처럼 어느 한 가지에 지속해서 혹은 반복해서 집중하는 사람을 우리는 '편집광偏執狂'이라고 부른다. 편집광은 '한 가지에 광적으로 집중하는 사람'을 말하는데, 그런 의미에서 사랑에 빠진 사람도 어느 정도는 편집광인 셈이다.

편집광처럼 한 가지 일에만 몰두하여 맹목적으로 매달리는 사람들은 대상을 옮겨 다니며 왔다갔다하는 사람들을 이해할 수 없다. 이와 반대로 일반인들은 편집광들이 자폐증적이고 답답해 보인다. 왜 그렇게 집중하는지 도무지 이해할 수가 없다. 어쨌든 사랑한다는 것, 사랑에 빠진다는 것은 편집광이 되는 것이기도 하다.

사랑은 집중력이 만들어내는 특별한 현상일 뿐만 아니라 평범한 사람들 사이에서 일어날 수 있는 가장 비정상적인 사건이다. 사랑에 빠지는 초기 단계에는 한 사람에게 비정상적으로 집중하기 마련이다. 만일 상대 역시 이 특별한 상황을 알아채고 그에게 집중하려는 욕구가 생기면 나머지는 저절로 이루어진다. 사랑이 자연스럽게 불붙는 것이다.

사랑하면 대상에 집중하는 이 같은 이유로 우리는 사랑에 빠졌을 때 몰입감Flow을 경험한다. 몰입감은 당사자에게 삶이 고조되는 듯한 느낌이 들게 한다. 황홀한 감정과 함께 행복감에 젖어든다. 하지만 사랑의 감정이 이처럼 좋기만 한 것은 아니다. 간과해서는 안 될 부분은 사랑에 빠진다고 해서 우리의 정신적 삶이 풍요로워지지는 않는다는 것이다. 실제로는 정반대가 된다. 사랑에 빠지면 지금까지 나를 지배하던 것들을 하나씩 배제하기 시작하면서 의식이 자꾸

좁아지고 왜소해진다. 한 사람에게만 사로잡혀 의식을 자유롭게 움직일 수 없게 된다. 그럼에도 사랑에 빠진 사람은 자신의 정신세계가 더욱 풍부해졌다고 느낀다. 자신의 세계가 축소될수록 그만큼 상대방에게 더 집중할 수 있기 때문이다. 모든 정신적인 힘이 한 가지에만 집중할 때 사람은 자신의 존재가 최고의 강도와 세기로 유지된다는 착각을 한다. 마치 최면에 걸린 것처럼 말이다.

이처럼 사랑에 빠지면 누군가에게 집중하게 되어 의식이 고조됨과 동시에 한편으로는 나머지를 배제함으로써 의식이 좁아지고 왜소해진다. 이를 두고 오르테가는 "사랑은 아주 고귀한 행위인 동시에 인간이 저지를 수 있는 가장 낮은 행위"라고 주장했다. 그는 온전한 사랑을 하려면 사랑에 빠졌을 때 정신의 가장 낮은 상태 혹은 일종의 백치 같은 상태가 된다는 것을 인정해야 한다고 했다. 사랑을 얻는 대신 나머지를 모두 버릴 수도 있기 때문이다. 그런 의미에서 그는 다음과 같이 주장한다.

> 진정한 의미에서 사랑에 빠진 사람에게 세상은 존재하지 않는다. 사랑하는 사람이 그것을 대체해버리기 때문이다.
> — 호세 오르테가 이 가세트, 《사랑에 관한 연구》

사랑의 이러한 속성 때문에 사랑에 빠진 사람은 평소에는 좀처럼 하지 않던, 혹은 할 수 없었던 행동도 기꺼이 감행한다. 그(그녀)와 세상을 맞바꾸는 모험도 불사한다. 그러니 백치 상태라고 해도 크게 틀린 말은 아니다.

　자, 지금까지 사랑에 빠지면 멀쩡한 사람도 백치가 될 수 있다고 했다. 이제 자신에게 한번 물어보자. 나는 지금도 불타는 사랑을 꿈꾸는가? 백치 상태가 되더라도 사랑에 빠지고 싶은가? 모든 것을 잃을 위험을 감수하고서라도 그(그녀)를 사랑하고 싶은가?

The Art of Living 26.

나는 너로 인해 나가 된다

마르틴 부버
Martin Buber, 1878~1965

"그대의 근심 있는 곳에 나를 불러 손잡게 하라"로 시작되는 가수 송창식의 노래 〈그래 있음에〉를 기억하는 이들이 많을 것이다. 이 노래는 김남조 시인의 동명의 시에 곡을 붙인 것이다. 모두가 인정할지는 모르겠지만, 이 노래(시)에서 제일 유명한 대목은 "그대 있음에 내가 있네"라는 부분이다. 지금 시인은 자신의 존재 의미를 타인(그대)에게서 찾고 있다. 타인이 있으므로 자신의 존재가 밝혀진다는 것이다. 역으로 말하자면, 그대가 있기 전까지 자신은 존재하지도 않았다는 말이다. 이처럼 사랑하는 사람에게 아주 특별한 의미를 부여하는 시인의 생각은 마르틴 부버의 주장과도 일치한다.

〈나〉는 〈너〉로 인해 〈나〉가 된다. — 마르틴 부버, 《나와 너》

그에 따르면 나는 나로서 존재하지 못하고, 네가 있기에 나로서 존재한다. 나를 존재하게 만드는 너는 그만큼 (나에게) 특별한 존재다. 나의 존재를 밝혀주기 때문이다. 그런 의미에서 너는 나의 창조주라고도 말할 수 있다.

김남조 시인이 말하는 '그대'나 마르틴 부버가 말하는 '너'와는 대비되는 개념이 있다. '그것'이다. '그대'나 '너'는 '그것'과는 의미가 전혀 다르다. 어떻게 다른가? '그대(너)'는 2인칭(You)이며, '그것'은 3인칭(He·She·It)이다. '그대'는 사람이며 '그것'은 사물이다. 따라서 '그대'는 존재지만 '그것'은 존재가 아니다. 혹시 이런 의문이 들 수도 있다. 3인칭 표현 중에서 '그·그녀(He·She)'는 사물이 아니라 사람이지 않으냐고. 맞다. 3인칭 중에서 '그·그녀'는 사람에게 사용하는 표현이긴 하다. 하지만 내게는 '존재'가 아니다.

　'그·그녀'는 존재하지 않는다고? 무슨 뜻인지 이해하기 어려울 수도 있다. 이해를 돕기 위해 프랑스의 실존주의 철학자 가브리엘 마르셀의 주장을 들어보자. "3인칭 대상은 나에게 제삼자이다. (……) 현존現存이 아니고 부재不在다." 마르셀의 주장에 의하면 3인칭의 대상, 즉 '그·그녀'는 내 앞에 존재하지 않는다. 인간일지라도 내게는 대상에 불과하다. 그 대상은 나에게 응답하지 않고, 또 나를 배려하지 않기 때문에 존재하지 않는 것과 다름없다.

　'존재하지 않는다'는 말이 실체가 없다는 뜻은 아니다. 단지 나에게는 '무의미하다'는 뜻이다. 마르셀에 의하면 모든 존재자가 가진 존재의 의미는 오직 2인칭의 관계에서만 발생한다. 예를 들어보자. 어떤 남자가 평소에는 별다른 감정 없이 지내던 직장 동료인 한 여성과 우연한 계기로 사랑하는 사이로 발전했다. 그녀와 사귀기 시작하면서부터 남자에게 그녀는 특별한 존재로 다가왔다. 사귀기 전과는 달리 그녀의 일거수일투족이 모두 남자의 눈에 들어오기 시작했다. 그녀의 옷차림, 그녀의 목소리, 그녀의 행동 하나하나가 또렷하게 보이기 시작한 것이다.

그녀와 사귀기 전까지 그 남자에게 그녀는 3인칭의 존재였다. 하지만 그녀를 사랑하게 되자 그녀는 2인칭의 존재로 바뀌었고 남자 앞에 현존하게 되었다. 이제 남자는 다른 여성들이 눈에 들어오지 않는다. 그녀를 제외한 나머지 여성들은 모두 3인칭이며 그에게 부재하기 때문이다. 한마디로 무의미하다.

이제 2인칭 관계와 3인칭 관계의 차이를 이해했을 것이다. 누군가가 2인칭이든 3인칭이든 주체는 변하지 않는 것 같지만, 그 사람과 관계하는 이에게는 매우 큰 차이가 있다. 특히 사랑이라는 감정에서는 더 그렇다. 사람들이 고귀하게 생각하는 사랑의 감정은 3인칭 관계에서는 자라날 수가 없다. 사랑은 오직 2인칭 관계에서만 자라는 감정이다. '그·그녀'가 아닌 '그대'에게서만 사랑의 씨앗이 싹을 피울 수 있다.

연인이 아닌 가족 간의 관계도 살펴보자. 가정이라는 공간에서는 항상 2인칭의 관계가 성립할까? 다시 말해 부부간 혹은 부모와 자식의 관계가 언제나 2인칭 관계일까? 물론 대다수 가정에서는 2인칭 관계일 것이다. 하지만 어떤 가정에서는 가족끼리 3인칭 관계로 살아간다. 예를 들어 퇴근해서 돌아온 남편을 본체만체하는 아내, 자녀가 무엇을 하든 신경 쓰지 않고 마치 남남처럼 지내는 아버지 등이 있다. 이 같은 가정에서는 가족 사이가 3인칭 관계다(사람들은 이런 집을 흔히 '집구석'이라고 부른다). 그들에게 2인칭의 가족 관계는 존재하지 않고 서로가 서로에게 3인칭, 즉 있어도 그만 없어도 그만인 사물일 뿐이다.

그렇다면 어떻게 하면 2인칭의 관계, 다시 말해 사랑의 관계를 유지할 수 있을까? 가브리엘 마르셀은 한 인간을 2인칭으로 대하는 일은 "상대를 판단하지 않는 것"이라고 했다. 그에 따르면 판단이란 3인칭의 관계에서만 가능하고 2인칭의 관계에서는 해서는 안 되는 일이다. 마르셀이 판단하지 말라고 주장했다고 해서 상대방에 대한 모든 감각적인 판단을 중지하라는 의미는 아니다. 현실적으로 상대방을 보면서 판단을 보류할 수는 없다. 더욱이 상대방이 사랑하는 사람이라면 더 그렇다. 마르셀의 말은 '사실판단'이 아니라 '가치판단'을 하지 말라는 것이다. 상대방을 보고 '있는 그대로의 사실을 판단하는 것(사실판단)'이 아니라, 사실에 덧붙여 상대를 평가하는 '가치판단'을 하지 말라는 것이다. 사랑하는 사람을 판단하는 것은 그의 존재가 아닌 어떠한 조건 때문에 사랑한다는 것을 의미한다.

"판단하지 마라." 곰곰이 생각하면 그의 주장이 일리가 있다. 가령 부모는 자식이 태어났을 때 판단하지 않는다. 부모에게 갓 태어난 자녀는 '존재' 그 자체로 소중하고 사랑스럽다. 이러한 관계가 바로 사랑이며 2인칭의 관계다. 이러한 부모와 자식 관계를 영원히 지속할 수 있을까? 불행히도 그 관계를 지속하지 못하는 때도 있다. 어느 시점부터 그들 사이가 3인칭의 관계로 바뀌기도 한다. 언제일까? 부모가 자식을 판단하기 시작하면서부터이다.

자녀가 성장하면 부모는 옆집 아이와 자기 아이를 비교하면서 판단하기 시작한다. "우리 아이가 옆집 아이보다 공부를 못하네. 애는 누굴 닮아서 그런 거야?" 이렇게 자녀를 판단하기 시작하는 순간, 부모와 자녀 사이는 3인칭의 관계로 변질한다. 이쯤 되면 자녀를 부르는 호칭도 변한다. 예전에는 이름을 불렀다면 이제는 '이 자식'으로 부른다. 부부 사이도 마찬가지다. 신혼 시절에 '그대'는 그 자체로 사랑스러운 존재였다. 하지만 세월이 흘러 '잘 나가는' 옆집 남자 혹은 여자와 비교해 판단하면서부터 그들 사이는 3인칭의 관계로 변한다. 당연히 서로의 사랑도 식어버리고 만다.

사람들은 사랑을 시작하면 자신의 사랑이 영원할 것이라고 믿지만 이는 매우 순진한 생각이다. 사랑은 영원할 수 없다. 한때 영원할 것이라고 믿었던 불타는 사랑도 자칫하면 변질할 수 있다. 상대방을 판단하기 시작하면서부터 '그대'는 '그것'으로 변하기 시작한다.

타인과 어떤 관계를 만들어나갈 것인가에 대한 선택지는 단 두 가지 뿐이다. 2인칭의 관계를 맺을 것인가, 3인칭의 관계를 맺을 것인가. 혹은 '판단하거나', '사랑하거나'이다. 어떤 사랑을 만들어갈 것인가에 대해서도 두 가지 선택밖에 없다. '무엇 때문에' 사랑하거나, '아무 조건 없이' 그의 존재 자체를 사랑하거나. 자신에게 한번 물어보자. 지금 나는 어떤 사랑을 하고 있는가? 2인칭의 관계인가, 3인칭의 관계인가?

The Art of Living 27.

과거의 사랑들에 대한 무관심에는 극히 잔인한 면이 있다

알랭 드 보통
Alain de Botton, 1969~

누구나 사랑했던 사람과 가슴 아픈 이별을 경험한 적이 있을 것이다. 다들 한 번쯤은 사랑을 하고, 또 이별을 경험한다. 그래서 "첫사랑은 원래 이루어지지 않는다"는 근거 없어 보이는 명제가 만들어지기도 했다(물론 경험에 비추어볼 때, 전혀 근거 없는 말은 아니다). 사랑하는 사람과 원치 않는 이별을 맞이한 이에게는 세상에서 가장 가슴 아픈 상처가 기다리고 있다. 삶의 의미가 없어지고 세상이 멈추어 선다. 그(그녀)가 없는 세상은 존재할 아무런 의미가 없기 때문이다. 실연의 아픔을 간직한 사람에게는 좀처럼 새로운 사랑도 찾아오지 않는다. 아니 정확히 말하자면 새로운 사랑을 시작할 용기가 없다. 또다시 상처를 받을까 봐 두려운 것이다. 그만큼 실연은 그(그녀)에게 깊은 상처를 남긴다.

알랭 드 보통은 사랑에 관한 그의 에세이 《왜 나는 너를 사랑하는가》에서 사랑하는 사람 사이에 일어나는 감정의 극단적 변화를 다음과 같이 표현했다.

> 과거의 사랑들에 대한 무관심에는 극히 잔인한 면이 있다. (……) 오늘은 이 사람을 위해서 무엇이라도 희생할 수 있을 것

같은데, 몇 달 후에는 그 사람을 피하려고 일부러 길 또는 서점을 지나쳐버린다는 것은 무시무시하지 않은가?

— 알랭 드 보통, 《왜 나는 너를 사랑하는가》

알랭 드 보통은 상대를 위해 무엇이라도 희생할 수 있었던 사이가 헤어진 후에는 일부러 피하는 사이가 될 정도로 돌변할 수 있다는 점을 놓치지 않았다. 사랑도 무관심으로 바뀔 수 있다. 그는 이러한 "과거의 사랑에 대한 무관심"에 대해 "잔인한 면이 있다"고 표현했다.

사람들은 왜 과거의 애인에 대한 태도를 순식간에 바꿀까? 보통의 말처럼 왜 오늘은 죽어도 좋을 듯이 사랑하다가도 헤어지고 나면 남보다도 못한, 일부러 피하는 사이가 되는 걸까? 혹시 그 사람에 대한 과거의 사랑이 거짓이었던 것은 아닐까? 결론부터 말하자면, 지금 상대를 피한다고 해서 과거의 사랑이 거짓은 아니다. 오히려 그러한 행동(일부러 상대를 피하는 행동)은 과거의 사랑이 진실했음을 반증해주는 것일지도 모른다.

오르테가는 사랑을 "평범한 사람들 사이에서 일어날 수 있는 가장 비정상적인 사건"이라고 말했다. 오르테가의 주장처럼 사랑하는 사람들은 평범한 사람들이 하지 않는 비정상적인 일들을 많이 벌인다. 그 사람에게만 빠져서 마치 내일이 없는 사람처럼 행동한다. 또 마치 무엇에 홀린 듯이 최면에 빠진 것처럼 행동한다. 그래서 평범한 사람들에게는 정상으로 보이지 않는 것이다.

이런 관점에서 보자면 오늘 옛 애인을 피하는 이유는 그(그녀)가 싫어서라기보다는 과거 그 사람에게 쏟았던 열정이 자신이 보기에도 비정상이었다고 생각하기 때문일지도 모른다. 한때 너무도 사랑해서 앞뒤 가리지 않고 행동했던 자신의 모습이 지금의 시각에서 볼 때는 이해가 되지 않고 부끄럽기도 한 것이다. 하지만 이러한 감정은 과거의 사랑이 그만큼 진실했음을 반증하는 게 아닐까? 그렇다. 진실했기에 그만큼 비정상적일 수 있었던 것이다.

그렇다면 그토록 진실했던 사랑의 감정은 왜 변할까? 쉽게 지워지지 않을 상처를 남긴 채 말이다. 사랑의 변덕스러움을 이해하기 위해서 사랑이 어떻게 찾아오는지를 생각해보자. 사랑은 언제 찾아오는가? 알랭 드 보통은 사랑의 시작을 상대방에 대한 '무지'에서 찾는다. "(사랑을 향한) 최초의 꿈틀거림은 필연적으로 무지에 근거할 수밖에 없다." 그는 또 "모든 갑작스러운 사랑에는 사랑하는 사람의 장점을 의도적으로 과장하는 면이 있다"고 말했다. 우리가 사랑을 시작하는 계기가 상대에 대해 잘 알지 못하는 상태에서, 그 사람의 장점을 과장하기 때문에 발생한다는 것이다. 즉 상대에 대한 무지 때문에 사랑이 시작된다. 이러한 주장은 "사랑은 환상에 불과하다"고 말하는 스탕달의 관점과도 일치한다.

사랑이 상대에 대한 무지나 과장, 심지어 환상에서 시작되었다는 것을 전제한다면 시간이 지나면서 사랑의 감정이 변하는 게 어쩌면 당연한 일인지도 모르겠다. 시간이 흐르다 보면 상대의 본래 모습과 과장된 장점의 실체를 알 수밖에 없기 때문이다. 즉 상대방에 대한 환상이 조금씩 사라진다. 그러므로 상대를 알아간다는 것은 그만큼 상대에 대한 환상도 함께 사라진다는 의미다. 그래서 환상 때문에 시작된 사랑은 환상이 사라지면 사랑도 함께 증발해버리기 쉽다.

한편 알랭 드 보통은 사랑하는 사람에 대한 자신의 감정이 변하는 이유를 다음과 같이 설명한다. "나는 그녀를 사랑할지 모르지만, 그녀를 알기 때문에 그녀를 갈망하지는 않는다. 갈망은 우리가 알고 있는 사람들을 향할 때에는 무한정 뻗어나갈 수 없다." 사랑은 하지만 갈망하지는 않는다. 이것 또한 사랑의 영원성을 해치는 또 다른 장애물이다. 상대에 대한 갈망은 그(그녀)를 향하게 하지만 사랑이 이루어지는 순간 갈망은 사라진다. 마치 목이 마를 때에는 물을 가진 사람을 갈망하지만 물을 충분히 마신 뒤에는 더는 그를 찾지 않는 것처럼. 사랑에 대한 환상, 사랑에 대한 갈망은 사랑을 촉발시키는 필요조건이지만 한편으로는 사랑을 실패로 이끄는 블랙홀이기도 하다. 사랑, 참 아이러니한 주제다.

그렇다면 우리는 어떻게 해야 할까? 어차피 실패로 끝날 일, 아예 시작하지 않는 게 더 낫지 않을까? 프랑스의 수학자이자 철학자인 파스칼은 설사 신이 존재하지 않을 가능성이 높다고 하더라도, 그 작은 가능성이 주는 기쁨이 더 큰 가능성이 주는 혐오를 압도하기 때문에 신에 대한 우리의 신앙은 충분히 정당화될 수 있다고 주장했다. 어쩌면 사랑도 마찬가지가 아닐까? 사랑이 실패할 가능성이 아무리 높다고 하더라도, 그 반대의 작은 가능성이 주는 사랑의 기뽐이 실패의 가능성을 압도하기 때문에 우리가 사랑을 갈구하고 시도하는 일은 충분히 정당화될 수 있지 않을까? 그렇다. 사랑은 상처받기 쉽다. 하지만 그럼에도 사랑은 시작되어야 한다. 오르테가의 말처럼 사랑은 인간의 가장 고귀한 행위이기 때문이다. 자신에게 물어보자. 나는 지금 사랑하고 있는가?

The Art of Living 28.

사랑은
세계의 법칙들에 의해서는
계산되거나 예측할 수 없는
하나의 사건이다

알랭 바디우
Alain Badiou, 1937~

폴란드 출신의 초현실주의 화가 지슬라브 백진스키의 작품 중 사람들이 '영원한 사랑'이라고 부르는 작품이 있다. 그림 속 남녀는 백골이 되어서도 꽉 끌어안고 있다. 그래서인지 죽음도 갈라놓지 못한 영원한 사랑을 하는 것처럼 보인다. 그런데 이 그림의 제목은 〈무제Untitled〉이다. 백진스키는 자신의 작품에 제목을 달지 않는 것으로 유명하다. 그가 작품의 제목을 정하지 않는 이유는 자신도 그림에 담긴 의미를 모르기 때문이라고 한다. "난 말이야, 내 그림을 나도 잘 몰라. 무슨 상징 따위를 가지고 그림을 그리진 않아. 만일 이미지가 하나의 상징으로 귀결된다면, 그건 더는 예술이 아니야. 단지 일러스트일 뿐이라고."

백진스키의 말은 그림을 보는 우리를 혼란스럽게 만들기도 하지만, 한편으로는 우리에게 마음껏 상상의 나래를 펼칠 수 있는 자유를 준다. 그럼 이제부터 자유롭게 상상의 나래를 펼쳐보자. 그림 속의 남녀는 왜 서로 꽉 끌어안은 채로 해골이 된 것일까? 저들에게는 무슨 사연이 있을까? 몸이 바스러질 듯 서로 꽉 끌어안고 있는 모습에서 어쩐 일인지 사랑보다는 고독감이 느껴지기도 한다. 심지어 괴기스러운 느낌마저 든다. 사람들의 주장처럼 이 그림의 제목을

'영원한 사랑'이라고 붙이는 것은 타당할까? 어쨌든 백진스키의 말처럼 해석은 개인의 자유니까 굳이 토를 달 필요는 없다.

지금 누군가를 사랑하고 있다면, 그(그녀)는 자신의 사랑이 영원하리라고 생각할까? 백진스키의 그림처럼 말이다. 진정으로 사랑에 빠진 사람이라면 대부분 자신의 사랑이 영원할 것으로 믿는다. 아니면 최소한 영원하기를 기대한다(물론 현실에서의 사랑은 대부분 영원하지 않다). 인간이 느끼는 감정 중에서 사랑만큼 중요한 것도 없을 것이다. 사랑의 감정은 삶 전체를 송두리째 뒤흔들 만큼 강력하고 절대적이다. 로미오와 줄리엣의 사랑 이야기에서도 볼 수 있듯이 사랑이라는 감정은 기존에 존재하던 삶의 질서를 완전히 뒤흔드는 파괴적인 사건이다. 하지만 정작 사람들은 삶에서 이토록 중요한 사랑을 잘 모른다. 그래서 시인 랭보는 이렇게 말했다. "사랑은 재발견되어야 한다."

사랑에 대해서 궁금해 하거나 의문을 갖는 사람이라면 반드시 거쳐야 할 철학자가 있다. 프랑스 철학자 알랭 바디우다. 그는 《사랑 예찬》이라는 책에서 사랑을 이렇게 말했다.

> 사랑은 세계의 법칙들에 의해서는 계산되거나 예측할 수 없는 하나의 사건이다. ─ 알랭 바디우, 《사랑 예찬》

사랑이 계산되거나 예측되지 않는다는 바디우의 말은 사랑에 빠진 사람들을 조금만 관심 있게 지켜보면 쉽게 이해할 수 있다. 그들은 앞뒤를 가리지 않으며, 마치 내일이 없는 사람처럼 무모하게 행동하기 일쑤다. 주변 사람들은 이들의 행동이 당황스럽기 그지없다. 하지만 어쩌겠는가? 사랑이란 녀석이 원래 그렇게 생겨먹은 놈인 것을. 하지만 그러한 성질 때문에 사랑은 그 무엇보다 뜨겁고 달콤하고 황홀하고 격정적이다.

바디우에 의하면 사랑은 우연한 만남에서 시작되며 사랑이 진행되는 과정에서 기존의 법칙성이 전부 파괴된다. 이러한 '우연성'과 '비非법칙성'은 사랑이 그 속에 '위험성'을 내포하고 있음을 뜻한다. 그래서 열정적인 사랑에는 항상 위험이 따르는 법이다. 로미오와 줄리엣의 사랑이 그랬던 것처럼 말이다. 놀이공원의 롤러코스터가 위험할수록 짜릿하듯이 사랑의 강도强度도 위험성과 관련이 있다. 위험한 사랑일수록 짜릿하다. 그래서 위험할수록 더 뜨겁게 불타오른다. 안전하면서도 뜨거운 사랑은 없다.

사랑이 가진 이러한 위험성 때문에 요즘 사람들이 사랑을 피하려고 하는지도 모르겠다. '위험 없는 사랑을 당신에게'라는 슬로건을 내걸고 성업 중인 결혼 중매 업체가 수백 군데가 넘는다. 업체는 위험성을 미리 제거한 후 고객들에게 안전한 사랑을 제공한다. 그런 뒤 이렇게 주장한다. "우리는 위험을 감수하지 않고서도, 또 어떤 고통 없이도 사랑할 수 있게 해드려요." 이제 사랑도 인스턴트식품 같은 시대가 되었다.

사전에 위험성을 제거한 인스턴트식 사랑으로 우리는 행복에 이를 수 있을까? 단정적으로 말하자면 불가능한 일이다. 독일의 사회학자 게오르크 지멜이 말했듯이 사물들의 가치는 바로 그것을 획득하기 위해 요구되는 희생의 정도에 따라 측정되기 때문이다. 다시 말해 어렵게 획득한 것일수록 가치 있다. 아무리 좋은 것이라도 너무 쉽게 획득했다면 그것을 가치 있게 생각하기가 어렵다. 사랑도 마찬가지 아닐까? 안전하고 편리하게 획득한 사랑에서 로맨틱한 모험을 기대하는 것은 무리다. 고통과 위험이 큰 사랑일수록 열매는 달콤한 법이다.

"위험이 클수록 그 열매는 달다." 이 말은 사랑뿐만 아니라 우리의 인생에서도 동일하게 적용된다. 어렵게 오른 산일수록 정상에서 더 큰 성취감을 느끼듯이 인생도 그 과정이 힘들수록 성취감이 크다. 안전한 삶에는 열정과 재미를 기대하기가 어렵다. 그런데도 사람들 대부분은 위험보다는 안전함을 선택한다. 좀 더 쉽게, 좀 더 편하게, 좀 더 안전하게 살고 싶어 한다. 어쩌면 우리는 인생의 선택에서 편리함과 안전함을 우선 고려하다가 정작 삶의 활력과 질을 희생하고 있는지도 모른다. 자신에게 물어보자. 나는 어떠한가? 안전하고 편리한 사랑을 원하는가, 아니면 위태롭지만 뜨거운 사랑을 원하는가?

sad chair #12

위험한 사랑일수록 짜릿하다.
그래서 위험할수록 더 뜨겁게 불타오른다.
안전하면서도 뜨거운 사랑은 없다.

The Art of Living 29.

인간이
인간이기 위해서는
'가족적'이어야 한다

가브리엘 마르셀
Gabriel Marcel, 1889~1973

흔히 우리는 가정을 '안식처安息處'라고 부른다. 안식처는 말 그대로 '편히 쉬는 곳'이라는 의미다. 가정과 대비되는 직장은 '편히 쉴 수 없는 곳'이다. 직장은 노동하는 곳이니 당연히 편하게 쉴 수 없다. 하루 내내 직장에서 일한 사람은 직장의 일과가 끝나면 편히 쉴 수 있는 공간인 가정으로 돌아간다. 가정에서 쉬면서 에너지를 재충전하는 것이다. 그래야 내일 또 직장에 출근할 수 있을 테니까.

하지만 가정이란 공간이 누구에게나 편히 쉴 수 있는 곳일까? 경험적으로 보더라도 반드시 그렇지만은 않다. '편히 쉬다'는 말은 육체적 노동의 의무에서 벗어난다는 의미로 한정될 수도 있겠지만, 넓게 보면 그 어떤 의무에서도 완전히 벗어남을 뜻한다. 자신에게 지켜야 할 아무런 의무가 없는 상태, 그러한 상태에서 자기가 하고 싶은 행동을 하며 쉬는 것이다. 영화를 보고 싶으면 보고, 자고 싶으면 자고, 앉고 싶으면 앉고, 눕고 싶으면 눕고. 한마디로 육체적으로나 정신적으로 모든 의무에서 해방된 상태를 말한다.

그런데 요즘은 가정이라는 공간에서 이러한 자유가 쉽게 주어지지 않는다. 쉴 수 없는 공간인 직장에서 벗어난 후 편안한 안식처라고 생각해서 돌아온 가정에는 새로운 의무들이 기다리고 있다. 가

사 분담과 자녀 교육 그리고 얽히고설켜 있는 가족관계에서 파생되는 상시적인 의무 등. 이쯤 되면 가정이란 공간은 또 다른 직장이다. 그러니 직장인들은 요즘 어딜 가도 쉴 곳이 없다. 그래서 퇴근 후에 가정을 찾지 않고 술집을 찾는 사람들이 많은지도 모르겠다. 편히 쉴 만한 안식처가 없기에 차라리 술집을 찾는 게 아닐까?

아무튼 가정이라는 곳의 본질을 다시 한번 생각해볼 필요가 있다. 가정이란 어떤 곳인가? 가정은 가족들이 있는 곳이다. 독신자가 혼자 사는 집을 보고 가정이라고 부르지는 않는다. 그저 '숙소'라고 부른다. 숙소는 잠자는 곳이지 가정이 아니다. 이런 의미에서 가정은 공간적인 개념이 아니다. 가정은 가족이 있는 곳, 즉 관계적인 개념이다.

그렇다면 가족은 누구인가? 가족은 부부나 부모, 자식과 같이 혼인이나 혈연, 입양 등으로 이루어진 집단이나 그 구성원을 일컫는다. 하지만 이러한 사전적 정의만으로는 가족이라는 단어가 주는 본질적인 의미를 제대로 담아내지 못한다. 우리가 가족의 의미를 제대로 이해하려면 가브리엘 마르셀의 도움을 받을 필요가 있다. 먼저 가족에 대한 그의 주장을 들어보자.

> 가족은 존재자들을 존재하게 하는 그 무엇이라는 점에서 존재의 진리라고 할 만하다. 가족이라는 존재 진리에 근거하지 않은 존재자들은 상상할 수 없다. 인간이 인간이기 위해서는 '가족적'이어야 한다. ─ 가브리엘 마르셀, 《여행하는 인간》

그는 가정을 "존재가 드러나는 장소"라고 표현했다. 따라서 가족은 '존재를 드러내는 사람'이다. '존재를 드러낸다'는 말은 무슨 뜻일까? 마르셀에 의하면 가정은 외모나 성격, 능력이나 재산 등의 조건 때문에 인정받거나 사랑받는 곳이 아니라, 존재 그 자체로 인정받고 사랑받는 장소를 말한다. 한마디로 조건과 관계없이 사랑받는 곳이 가정이다.

결국 '존재가 드러난다'는 말은 조건이 아니라 존재 그 자체를 인정받는다는 뜻이다. 그런데 이러한 의미로 자신의 존재를 드러내주는 사람들이 주변에는 흔치 않다. 가정에서, 그리고 가족관계에서만 가능하다는 것이 마르셀의 통찰이다. 그래서 그는 "인간이 인간이기 위해서는 '가족적'이어야 한다"고 표현했다. 우리는 누군가로부터 존재 그 자체를 인정받을 때에만 인간일 수 있는데, 그것은 가족에게서나 가능하다는 말이다.

그렇다면 마르셀이 주로 활동했던 20세기 중반처럼 요즘도 가정이 자신의 존재를 드러나게 하는 공간의 역할에 충실할까? 지금은 조금 애매한 상황이 되어버렸다. 마르크스의 지적처럼 자본주의 사회에서는 모든 인간관계를 경제적 가치로 환산하는데, 가족관계도 예외는 아니기 때문이다. 자신의 존재를 드러나게 하는 가족들조차도 이제는 존재가 아닌 조건을 따지는 사이로 변해버렸다. 흔히 한 가정의 아버지는 '가장의 의무를 다했는가'에 따라 대접이 달라진다. 물론 가장의 의무 중에서도 경제적 의무가 제일 중요하다. 의무를 다하지 못한 가장은 가족관계에서도 그 존재가 사라진다. 속된 표현으로 '사람대접'도 못 받는다. 이쯤 되면 가정은 안식처의 기능을 상실한 셈이다.

어쩌면 현대인들의 스트레스는 여기에서부터 시작되고 있는지도 모른다. 직장이나 가정, 어디를 가나 항상 '너는 자신의 의무를 다하고 있는가'를 따져 묻는 곳뿐이다. 편히 쉴 곳이 없다. 프랑스 소설가 앙드레 지드는 이런 의미로 "나는 가정을 증오한다"고 했는지도 모르겠다. 어쨌든 현대인들은 편히 쉴 곳이 그립다. 지금 나의 가정은 어떠한가?

sad chair #13

존재가 드러나는 장소,
존재 그 자체로 인정받고 사랑받는 장소,
즉 조건과 관계없이 사랑받는 장소가 바로 가정이다.

The Art of Living 30.

사랑도
압제가 될 때에는
해방의 대상일 뿐이다

도올 김용옥
金容沃, 1948~

'프로크루스테스Procrustes의 침대' 이야기를 들어본 적이 있는가? 프로크루스테스는 그리스 신화에 나오는 인물이다. 그는 그리스 아티카의 강도로 아테네 교외의 언덕에 집을 짓고 살면서 강도질을 했다. 그의 집에는 철로 만든 침대가 있는데, 그것이 바로 '프로크루스테스의 침대'이다. 그는 행인을 붙잡아 자신의 침대에 눕히고는 행인의 키가 침대보다 크면 그만큼 잘라내고, 침대보다 작으면 침대 크기만큼 사지를 늘려서 죽였다고 한다. 요즘에는 자기 생각에 맞추어 타인의 생각을 뜯어고치려고 하는 행위를 프로크루스테스의 침대에 비유한다.

지금은 어떤지 잘 모르겠지만, 과거 군대에서는 프로크루스테스의 침대와 같은 상황이 자주 벌어지곤 했다. 흔히 군대에서는 '사람에게 옷을 맞추는 것이 아니라 옷에 사람을 맞춘다'라는 말이 있다. 군대에서는 옷이나 신발을 공짜로 준다. 어찌 보면 참 좋은 곳이기도 하다. 하지만 공짜로 주는 대신에 단점도 있다. 지급되는 옷이나 신발이 병사의 몸에 맞지 않더라도 교환을 해주지 않는다는 점이다. 그러니 사람이 옷이나 신발에 몸을 맞출 수밖에. 고참은 덜했지만 신참은 맞지 않는 옷이나 신발에 자신의 몸을 맞춰가며 생활해야 하는 경우가 많았다. 그렇지 않아도 고달픈 군 생활이 더욱 힘들 수밖에 없었다. 왜 그랬을까? 그 당시 군대 고참들은 다 프로크루스테스 같은 성격이어서 그랬을까? 아닐 것이다. 아마도 당시에는 요즘처럼 물품이 여유롭지 못하다 보니 그런 일이 생길 수밖에 없었을 것이다.

그렇다면 상대적으로 풍요로워진 지금은 어떨까? 지금은 더는 프로크루스테스의 침대와 같은 일이 벌어지지 않을까? 그렇지 않다. 지금도 주변을 둘러보면 프로크루스테스의 침대와 같은 일이 심심치 않게 일어나는 것을 발견할 수 있다. 예컨대 부모의 높은 기대에 맞추느라 원치 않는 공부를 하는 자녀를 보면 현대판 프로크루스테스의 침대라는 생각이 든다. 자녀의 키(능력)는 고려하지 않은 부모의 기대가 만들어낸 큰 침대, 그리고 그 침대에 몸을 맞추려고 키를 늘리느라 고통을 겪는 자녀는 꽤 흔하다. 그 자녀의 기분은 어떨까? 몸에 맞지 않는 옷에 자신의 몸을 맞추어야 했던 군인의 심정과 비슷하지 않을까?

어디 가정에서만 그런가? 조직에서도 마찬가지다. 새로 들어온 신입사원은 조직이나 상사의 기준에 맞추어 재단되고 훈육되어 자신의 본래 색깔을 잃어버리기 일쑤다. 공식적으로는 창의성이 강조되고 창조적 인재가 중요하다고 외쳐도, 막상 업무에서 지금까지의 관행이나 암묵적인 규칙을 벗어나면 심신이 괴로워진다. 그러다 보니 어지간한 배짱 없이는 조직이나 상사의 기준을 외면하기 어렵다. 대부분 스스로 알아서 조직이나 상사의 눈높이에 맞추며 생활한다. 그러지 않으면 속된 표현으로 '찍힌다.' 이러한 예들을 보건대, 어쩌면 지금이 그리스 신화에 나오는 시절보다 프로크루스테스의 침대가 더 많은지도 모르겠다.

프로크루스테스의 침대에서 자란 자녀나 신입사원은 잘 성장할 수 있을까? 당연히 잘 성장할 수 없다. 대부분은 성장하기도 전에 죽는다. 다행히 죽지 않더라도 딱 침대 크기만큼만 성장할 뿐이다. 침대 크기가 성장할 수 있는 한계인 셈이다. 한편 행인을 마구 죽인 그리스 신화의 프로크루스테스는 어떻게 되었을까? 악행을 저지르던 프로크루스테스는 아테네의 영웅 테세우스에게 죽음을 맞는다. 테세우스는 프로크루스테스를 잡아서 침대에 눕히고는 똑같은 방법으로 머리와 다리를 잘라서 죽였다고 한다. 자업자득인 셈이다. 결국 프로크루스테스의 침대에서는 침대에 눕혀진 자(행인)도 눕힌 자(프로크루스테스)도 모두 불행한 결말을 맞는다.

자녀나 신입사원에게 높은 기대를 품는 것은 당연하다. 누군가를 사랑할수록 상대방에게 더 큰 기대를 품기 마련이다. 하지만 기대가 지나쳐 상대방의 본성을 그르치거나 자유를 억압한다면, 그것은 사랑이라기보다 차라리 폭력에 가깝다. 사람들은 자신의 개인적인 욕구를 선의로 착각할 때가 있다. 흔히 부모들은 자식이 공부를 열심히 해서 좋은 대학에 가길 원한다. 그래서 공부만 열심히 할 것을 강요한다. "이게 다 너의 인생을 위해서야"라고 말하면서 말이다. 하지만 공부를 강요하는 게 정말로 '자식을 위해서' 그러는 걸까? 혹시 '자신을 위해서' 그러는 건 아닐까? 물론 자식을 위한 마음도 있을 것이다. 하지만 순수하게 '자식을 위해서' 했다고 할지라도 그것이 자식의 본성을 거스른다면 문제가 된다. 스스로는 선의를 가지고 그렇게 했다고 말할지 모르겠지만, 상대방의 입장에서 보자면 강제로 프로크루스테스의 침대에 눕혀진 것일 뿐이다.

그렇다면 어떻게 해야 하는가? 이 대목에서 중국 철학자 노자의 가르침을 상기할 필요가 있다. 그의 대표 사상인 '무위無爲'와 '자연自然'의 의미를 새기는 것이 좋겠다. 흔히 '무위'를 '아무것도 하지 않는다'는 뜻으로 아는 사람이 많지만 실제로는 '불필요한 헛된 욕망에 사로잡힌 행위를 하지 않는다'는 의미다. '자연'은 '스스로 그러하다'는 뜻이다. 즉 '무위자연'은 '스스로 그러하도록 내버려 둔다'는 의미다. 한마디로 순리를 따르라는 말이다. 노자의 관점으로 보자면 상대방에게 자신의 기대를 강요하기보다는 순리를 따르는 것이 더 현명한 처신이다.

우리는 누구나 자신도 모르는 사이에 프로크루스테스가 될 수도 있다. 도올 김용옥도 이러한 가능성을 경고한 적이 있다. "사랑도 압제가 될 때에는 해방의 대상이 될 뿐이다." 상대방에 대한 지나친 기대는 그것이 사랑의 이름으로, 선의의 이름으로 포장되었다고 할지라도 억압일 뿐이다. 언제라도 폭력으로 변질될 수 있다. 본인의 선의와 관계없이 상대방을 죽이는 결과를 낳을 수도 있다. 만약 누군가를 진정으로 사랑한다면, 이제부터는 지나친 기대보다 무위자연의 마음으로 순리를 따르도록 노력해야 한다. 구속하기보다는 자유를 주어야 한다.

sad chair #14

만약 누군가를 진정으로 사랑한다면,
지나친 기대보다는 무위자연의 마음으로
순리를 따르도록 노력해야 한다.
구속하기보다는 자유를 주어야 한다.

The Art of Living 31.

젊은이든 늙은이든
철학을 탐구해야 한다

에피쿠로스
Epikouros, B.C. 341?~B.C. 270?

요즘은 가는 곳마다 웰빙 열풍이 일고 있다. 인간의 평균수명이 급격히 늘어나면서 단순히 사는 것보다는 '건강하게 사는 것'이 더욱 중요해졌기 때문이다. 그래서인지 어딜 가더라도 운동하는 사람들을 어렵지 않게 목격한다. 주중에 회사 근처 헬스클럽을 가도, 주말에 가까운 산을 올라도 사람들로 넘쳐난다. 건강을 위한 일에는 주중, 주말의 구분이 없다. 경제가 아무리 어렵다고 해도 먹고사는 문제만큼은 확실히 과거보다 자유로워진 듯하다. 그래서인지 이제는 끼니를 잇기 위한 삶이 아닌 좀 더 건강한 삶을 위해서 투자를 아끼지 않는다.

건강한 삶, 즉 웰빙에 대해서 다시 한번 생각할 필요가 있다. 헬스클럽에서 운동하거나 등산을 즐겨 하는 것만으로 우리는 진정 건강한 삶을 영위할 수 있을까? '웰빙'의 사전적 의미는 '심신心身의 안녕과 행복을 추구하는 것'이다. 다시 말해 몸과 마음의 안녕과 행복을 '동시에' 추구하는 것을 말한다. 하지만 대부분 사람은 '웰빙'을 좇으면서도 좋은 것을 먹고 신체를 건강하게 하는 행위에만 집중하는 경향이 있다. 즉 심신의 건강을 동시에 추구하지 않고, '몸 건강'만 돌보는 사람이 대부분이다. 엄밀하게 말하자면 이런 경우는 반쪽짜리 웰빙에 불과하다.

　반쪽짜리 웰빙, 다시 말해 몸은 건강하지만 마음이 건강하지 않으면 어떻게 될까? 당연히 행복감을 느끼기 어렵다. 따라서 우리는 '몸 건강'뿐만 아니라 '마음 건강'에도 신경을 써야 한다. 그렇다면 마음을 건강하게 하는 방법은 무엇일까? 마음을 건강하게 만들려는 욕구가 조금이라도 있는 사람이라면 쾌락주의자로 잘 알려진 그리스 철학자 에피쿠로스의 말에 귀 기울일 필요가 있다. 그는 '철학을 통해' 마음을 건강하게 만들 수 있다고 주장했다. 먼저 그의 주장을 들어보자.

> 젊은 사람이 철학 하기를 주저해서는 안 되며, 늙었다고 해도 철학에 싫증을 내면 안 된다. 왜냐하면 어느 누구도 마음의 건강을 얻기에 너무 이르거나 늦지 않았기 때문이다.
> ― 에피쿠로스, 《쾌락》

　그의 말에 의하면 젊은 사람이든 늙은 사람이든 누구나 철학을 해야 한다. 철학이 마음의 건강을 얻기 위한 최고의 방법이기 때문이다. 심지어 그는 철학을 '제대로' 해야 한다고 주장했다.

> 우리는 철학을 하는 체하면 안 되며, 실제로 철학을 해야 한다. 왜냐하면 우리가 필요한 것은 건강한 것처럼 보이는 것이 아니라, 진짜 건강한 것이기 때문이다. ― 에피쿠로스, 《쾌락》

아무튼 그는 우리가 마음의 건강을 얻으려면 철학을 해야 한다고 주장했다. 그것도 '하는 체'가 아니라, '실제로' 해야 한다. 에피쿠로스는 인생의 목적을 '쾌락의 추구'에 있다고 보았다. 하지만 우리가 흔히 생각하는 육체적인 쾌락과는 거리가 멀다. 그가 주장하는 쾌락은 '몸의 고통이나 마음의 혼란으로부터의 자유'를 말한다. 이를 위해 과도한 욕망보다는 자연적인 욕망만을 충족하라고 조언한다. 공공생활의 잡담을 피하여 숨어서 사는 것, 빵과 물만 마시는 질박한 식사에 만족하는 것, 헛된 미신에 마음이 흔들리지 않는 것 등이 그가 말하는 쾌락의 주요 골자다. 실제로도 그는 제자들과 '에피쿠로스 학원'에 모여 공동으로 생활하면서 문란하지 않은 쾌락의 실현을 위해 노력했다.

한편 그는 "모든 아름다움과 탁월함도 그것이 우리에게 쾌락을 제공할 때에만 가치를 지닌다"고 주장했다. 그에 의하면 인생에서 가장 중요한 것은 두말할 필요조차 없이 '쾌락'이다. 예컨대 좋은 직장에 다니거나 높은 지위에 올랐더라도 그것이 자신에게 쾌락을 제공하지 않는다면 가치가 없다. 심지어 그것들을 버려야 한다. 자신에게 질문해보자. 나는 에피쿠로스의 주장에 동의할 수 있는가? 나는 남들이 부러워할 만한 직장이나 높은 지위가 나 자신에게 쾌락을 주지 못한다면 과감히 버릴 수 있는가? 그의 주장에는 동의한다고 하더라도 실제 행동으로 옮기기는 쉽지 않을 것이다.

실행 여부와는 별개로, 실제 삶을 살다 보면 에피쿠로스의 주장에 수긍이 갈 때가 자주 있다. 가령 어렵게 들어간 직장이나 남들이 부러워하는 지위에 올랐더라도, 막상 그 자리에서 생활하다 보면 생각보다 만족스럽지 않을 때가 있다. 심지어 예전보다 더 괴로울 수도 있다. 예를 들어 조직에 속한 사람이라면 대부분 임원이 되기를 희망한다. 임원이 되는 것을 '별을 달았다'고 표현할 정도다. 하지만 막상 임원이 된 사람들의 이야기를 들어보면 그다지 즐겁지만은 않은 것도 사실이다. 경영 실적에 대한 부담감이 직원 시절과는 비교되지 않을 정도로 심하고, 현재의 지위를 지키는 것에 대한 불안감도 크다. 속되게 표현하면 언제 잘릴지 모르는 게 임원이다(그래서 우스갯소리로 임원을 '임시 직원'이라고 부르기도 한다). 그토록 바라던 임원이 되고 나서는 오히려 그전보다 행복감이 줄었다고 말하는 이도 적지 않다.

"그럼 어쩌란 말이야? 임원이 되지 말란 말이야? 아니면 직장을 그만두란 말이야?" 하고 반문하고 싶은 생각이 들지도 모르겠다. 물론 임원이 되기를 포기하거나 직장을 그만두는 것이 반드시 올바른 선택은 아니다. 그럼 어떻게 해야 할까? 에피쿠로스는 인간은 누구나 여러 욕망을 가지는데, 그 욕망을 구분할 줄 알아야 한다고 주장했다. 즉 우리가 살아가는 데 반드시 필요한 욕망과 그렇지 않고 오히려 고통만도 못한 욕망이 있다는 것이다. 예를 들자면 음식물에 대한 욕망은 사는 데 반드시 필요하지만 사치품을 탐하는 욕망은 오히려 고통만 가중시킨다. 따라서 인간은 어떤 욕망을 선택하고 피해야 할지를 잘 판단해야 한다.

조직에서 임원이 되려는 욕망은 반드시 필요한 욕망일까, 그렇지 않은 욕망일까? 단정적으로 말하기 어렵다. 질문을 이렇게 일반화시켜 보자. "우리는 어떤 욕망을 선택하고 어떤 욕망을 피해야 할까?" 에피쿠로스는 최소한의 의식주에 만족해야 한다고 답한다. 배고픔을 면하게 해준다는 점에서는 싸구려 음식이나 사치스러운 음식이나 마찬가지다. 살아가는 데 필요한 최소한의 것만을 욕망할수록 만족감을 느끼기 쉬워진다. 반면 욕망이 클수록 만족감을 느끼기 어렵다. 예를 들면 명품을 좋아하는 사람일수록 현재 가진 것에 만족하기보다 새로운 명품을 욕망하게 되어 오히려 만족스럽지 않은 삶을 살게 된다.

에피쿠로스가 말하는 쾌락은 결국 '모든 정신적, 육체적 고통으로부터의 해방'이다. 요컨대 육체적 고통으로부터 해방되기 위해서는 삶에 필요한 최소한의 것만을 욕망해야 하며, 정신적 고통으로부터 해방되기 위해서는 철학을 해야 한다. 지금으로부터 2300여 년 전에 살았던 에피쿠로스의 주장이 현대를 살아가는 우리에게도 공감을 받는 이유는 무엇일까? 그때나 지금이나 현실에 만족하지 않는 사람이 많아서가 아닐까?

지금도 우리는 행복을 추구한다. 하지만 실제로는 좀처럼 행복을 느낄 수 없는 현실 속에서 살아가고 있다. 과거보다 물질적으로 풍요로워졌음에도 정신적인 행복감은 느끼기 어려운 세상을 살고 있다. 따라서 우리에게는 육체적 웰빙보다 정신적인 웰빙이 더 중요해졌다. 이것이 에피쿠로스의 주장에 우리가 공감하는 이유이기도 하다. 물론 관점에 따라서는 에피쿠로스의 철학을 현재의 삶에 그대로 적용하기가 어려울 수 있다. 하지만 그의 철학이 현대를 살아가는 우리에게, 특히 정신적인 풍요로움을 느끼지 못하는 사람들에게 많은 시사점을 주는 것도 사실이다.

이제 우리 자신에게 질문해보자. 나는 지금 행복한가? 나는 삶에서 쾌락을 느끼는가? 만약 이 질문에 '예'라는 답이 나오지 않는다면, 지금 이 순간이 바로 철학이 필요한 시간이다. 행복을 원한다면 모든 정신적, 육체적 고통에서 벗어나기 위해서 반드시 '철학'을 해야 한다. '철학'하며 살자!

sad chair #15

몸의 고통이나 마음의 혼란으로부터 자유하라.
자연적인 욕망만을 충족하라.
빵과 물만 마시는 질박한 식사에 만족하라.
그것이 바로 진정한 쾌락이다.

The Art of Living 32.

내용 없는 사유는
공허하고,
개념 없는 직관은
맹목적이다

임마누엘 칸트
Immanuel Kant, 1724~1804

"오빠 강남 스타일"

가수 싸이가 사고를 쳤다. 그의 노래 〈강남 스타일〉이 전 세계 사람들로부터 폭발적인 인기를 얻은 것이다. 세대와 인종을 불문하고 전 세계인들이 그의 노래에 열광했다. 한마디로 '대박'이 났다. 원래 큰 성공이 있으면 여러 사람이 달려들어 '어떻게 성공했는지'에 대한 요인을 분석하기 마련이다. 여기 〈강남 스타일〉의 성공을 바라보는 두 개의 상반된 시선이 있다. 평소 절친한 친구인 경영학자와 철학자가 만나 싸이의 〈강남 스타일〉 성공 요인을 분석해 토론을 벌였다. 그들은 상반된 주장을 했는데, 지금부터 경영학자와 철학자의 주장을 들어보고 그 차이를 살펴보자.

먼저 경영학자의 분석이다. 그는 마케팅 관점에서 〈강남 스타일〉의 성공 요인을 분석했다. 그의 말을 따르면, 〈강남 스타일〉은 CPNT(Contents-Platform-Network-Terminal) 관점에서 성공할 수밖에 없는 요인들을 두루 갖추었다. CPNT란 기업 전략이나 가치 평가에 쓰이는 척도를 말하는데, 핵심 사업 역량을 콘텐츠(Contents), 플랫폼(Platform), 네트워크(Network), 터미널(Terminal, 단말기)이라는 4가지 요소로 분석한다. 〈강남 스타일〉의 경우, 먼저 콘텐츠 측면에서 보면 엉뚱하면서도 반복적인 노래 스타일, 경쾌하고 신 나는 리듬 등이 입소문을 타기 좋게 만들어졌다. 플랫폼 측면에서는 텔레비전뿐만 아니라 유튜브를 통해 자유로운 확산이 가능하게 된 점, 네트워크 측면에서는 저스틴 비버, 브리트니 스피어스, 톰 크루즈 등 세계적인 스타가 페이스북이나 트위터 등 SNS를 통해 〈강남 스타일〉을 언급해 전 세계로 퍼질 수 있었던 점, 또 태블릿이나 모바일 등 다양한 이동식 단말기를 통해 언제 어디서나 〈강남 스타일〉을 쉽게 감상할 수 있는 환경이 만들어졌다는 점 등이 주요 성공 요인이다. 한마디로 CPNT 모두에서 성공 요인을 두루 갖추었다는 것이다. 그러면서 경영학자는 싸이 열풍을 잘 분석하여 제2, 제3의 싸이를 만들어 최근 주춤해진 한류 열풍을 이어가야 한다고 주장했다.

철학자의 분석은 이와는 상당히 달랐다. 그는 이렇게 말한다. "〈강남 스타일〉의 성공이요? 그건 어쩌다 보니 그렇게 된 거죠." 아니 이건 무슨 말인가? '어쩌다 보니' 그렇게 되었다니! 한마디로 우연히, 재수가 좋아서 그렇게 되었단다. 마치 소가 뒷걸음질치다가 개구리를 잡은 격이랄까. 아무리 유쾌한 성격의 싸이라 할지라도 철학자의 말을 직접 들었다면 그다지 기분이 좋지는 않았을 것이다.

경영학자의 체계적인 분석과는 달리 철학자의 분석은 지나치게 단순하다. 단순하다 못해 허무하기까지 하다. 사람들은 경영학자와 철학자의 분석 중에서 누구의 주장이 더 설득력 있다고 생각할까? 대부분 사람은 경영학자의 분석을 신뢰할 것이다. 그의 주장이 전문적인 이론에 근거하고 있으며 주장의 논거도 명확하기 때문이다. 반면 철학자의 분석을 듣고 있자면 '학자라면서 어떻게 저런 수준으로 분석하는 거야?'라는 생각이 들어 실망스러울 것이다. 하지만 정말로 경영학자의 분석이 더 올바른 것일까? 누가 옳다고 단정하기 전에 대부분 사람이 경영학자의 편을 들 것이므로 나는 철학자의 편에 서서 그의 주장을 옹호하고자 한다. '철학자를 위한 변명'이라고나 할까?

철학자는 〈강남 스타일〉의 성공 요인을 한마디로 '어쩌다 보니' 그렇게 되었다고 말했다. '어쩌다 보니'라는 말은 달리 표현하면 '운이 좋았다'라는 의미다. 다시 말해 싸이의 성공은 '행운'이다. 물론 어쩌다 보니 성공했다고 해서 싸이가 노력하지 않았다는 뜻은 아니다. 그도 열심히 노력했고, 성공을 무척이나 원했을 것이다. 하지만 그의 노력은 지금과 같은 성공의 필요조건에 불과할 뿐 충분조건은 아니다. 다시 말해 지금과 같은 성공을 위해서는 그의 노력이 반드시 필요했지만, 역으로 그가 노력했다고 해서 지금과 같은 성공이 보장되지는 않는다는 뜻이다. 즉 지금의 성공은 그의 노력과 더불어 행운이 작용했기에 가능한 일이었다.

경영학자는 〈강남 스타일〉의 성공 요인을 CPNT 관점에서 심층적으로 분석한 후, 앞으로도 이러한 성공 요인을 잘 활용하여 한류열풍을 이어가야 한다고 주장했다. 경영학자의 주장은 옳을까? 만약 어떤 기획사에서 제2의 싸이를 만들기 위해서 경영학자가 주장한 4가지 성공 요인을 충족시키는 스타를 만들었다고 치자. 그도 싸이처럼 성공할 수 있을까? 그건 모를 일이다. 경영학자가 분석한 성공 요인도 사실은 성공의 필요조건에 불과하다. 성공하기 위해서는 반드시 필요한 요소지만, 그것이 갖추어졌다고 해서 반드시 성공한다는 보장은 없다. 싸이처럼 성공하려면 그에게도 운이 따라줘야 한다.

철학자의 관점을 좀 더 그럴싸해 보이도록 부연 설명을 하자면 이렇다. 그는 싸이의 성공 열풍을 분석하는 것에 크게 의미를 두지 않는다. 왜냐하면 싸이의 성공을 '예외적인 사건'으로 보았기 때문이다. 싸이의 성공이라는 표본은 정규분포를 벗어난 '아웃라이어 Outlier'이기 때문에 분석하는 데 의미가 없다. 정상적인 분포를 벗어난 단 한 개의 표본으로 분석하는 것은 아무런 실익이 없기 때문이다. 실익이 없다는 것은 분석하더라도 그 이론이 '반복 적용되지 않는다'는 것을 의미한다(통계학에서는 '신뢰성Reliability'에 문제가 있다고 표현한다). 분석해봐야 쓸모가 없는 것을 왜 굳이 분석하느냐는 것이 철학자의 생각이다. 이런 철학적 배경에서 그는 단순하게 '어쩌다 보니' 그랬다고 말했던 것이다.

지금까지 싸이의 성공 요인에 대한 경영학자와 철학자의 서로 다른 시선을 살펴보았다. 그렇다면 세상을 살아가는 데 누구의 시선이 더 요긴하게 쓰일까? 어느 한쪽이 더 옳다고 단정할 필요는 없다. 둘 다 장단점이 있기 때문이다. 경영학자의 주장은 분석적이고 세련됐다. 하지만 단편적이고 예외적인 현상에 대한 분석일 뿐이며 사전적 예측이 아닌 사후적 분석의 경향이 짙다. 반면 철학자의 주장은 단순하다. 그래서 그냥 무시하거나 흘려버리기 쉽다. 하지만 단순해

보이는 그의 주장 속에는 생각지 못한 통찰이 숨겨져 있다.

　우리는 어느 한쪽의 사고방식에 치우치기보다는 두 가지 모두를 갖추는 것이 더 좋다. 즉 철학적 사고를 바탕으로 경영학적 시각을 갖는 것이다. 어느 한쪽만 가지고는 세상에서 일어나는 여러 가지 현상을 제대로 이해하기 어려운 법이다.

　비판 철학의 창시자 칸트는 "내용 없는 사유는 공허하고, 개념 없는 직관은 맹목적이다"라는 말을 통해 사유와 직관의 중요성을 동시에 강조했다. 이 말을 빌려 다음과 같이 말하는 것이 옳지 않을까? "경영학 없는 철학은 공허하고, 철학 없는 경영학은 맹목적이다." 만약 당신이 경영학자라면(혹은 경영학에 더 많은 관심을 둔 사람이라면), 이제부터는 철학에도 관심을 두어야 한다. 철학이 당신에게 직관과 통찰의 날개를 달아줄 것이기 때문이다.

The Art of Living 33.

철학은
보편을 주장하지만,
절대를
주장하지는 않는다

도올 김용옥
金容沃, 1948~

여기 사랑하는 남녀가 있다. 그들은 서로 너무나 사랑했기에 평생을 함께하기로 했다. 남자는 결혼 승낙을 얻기 위해서 여성의 부모를 찾아갔다. 여성의 부모는 사위 후보가 마음에 드는 눈치다. 학벌도 좋고 직업도 그만하면 괜찮았다. 성격도 원만해서 큰 문제가 없는 듯 보였다. 하지만 대화 도중에 심각한 결격사유가 드러났다. 종교 문제였다. 여성 쪽은 대대로 독실한 기독교 집안이어서 사위도 될 수 있으면 같은 종교를 가지기를 원했다. 하지만 남성은 불교 신자였다. 그것도 아주 독실한 불교 신자였다. 생각지도 못한 종교 문제가 서로 사랑하는 그들의 결혼에 큰 걸림돌이 되었다. 그들은 종교가 불러일으킨 갈등을 극복하고 원만히 결혼에 성공할 수 있을까?

우리는 살면서 종종 자신과 다르다거나 자신이 선호하지 않는다는 이유로 상대방을 배척한다. 가령 내 자녀의 배우자는 '무조건 대학은 나와야 한다'거나 '최소한 대기업에 다니고 있어야 한다'는 등 절대적 기준을 강하게 제시하는 사람이 있다. 그의 신념으로는 그 기준에서 벗어나는 것을 절대로 허용할 수가 없다. 이러한 배제의 논리는 위에서 본 종교 차이뿐만 아니라 학벌, 직업, 출신 지역,

성별, 나이, 신체적 조건 등 다양한 형태로 표출된다.

절대적 신념을 지니고 사는 것은 바람직할까? 절대 그렇지 않다. 인간적이지도 않을 뿐만 아니라 철학적이지도 않다. "아니, 사람이 꼭 철학적일 필요가 있어?" 하고 반문하는 사람이 있을지도 모르겠다. 맞다. 반드시 철학적일 필요는 없다. 하지만 '철학적'이라는 것은 '인문적'이라는 것이고 '인문적'이라는 것은 '인간적'인 것이기 때문에 인간이 철학적일 수 있으면 좋은 것이다.

우리는 앞서 말한 신념의 문제를 고민할 때 "철학은 보편을 주장하지만, 절대를 주장하지 않는다"고 말한 어느 철학자의 주장에 귀 기울일 필요가 있다. 이 말은 '도올'을 줄여서 '돌'이라고 자신을 명명했던, 아니 좀 더 직설적으로 '돌대가리'라고 표현한 김용옥 선생의 주장이다. 그는 기존의 철학책이 일반인들이 보기에 너무 어렵다고 생각해서 누구나 쉽게 볼 수 있도록 중고생을 위한 철학책을 썼다. 그 책이 바로 《논술과 철학 강의》이다. 그는 이 책에서 아주 적절한 실제 체험을 곁들여 동서양 철학사의 주요 개념을 재미있고 쉽게 설명한다(내가 본 철학책 중에서 가장 재미있다. 읽다가 배꼽 빠지는 줄 알았다. 사실 철학책을 '재미있다'고 표현하는 게 흔한 일은 아니다. 그만큼 재미있다는 뜻이다. 철학에 관심은 있지만 어려워서 머뭇거리는 사람이 있다면 일독하기를 권한다).

"철학은 보편을 주장하지만, 절대를 주장하지 않는다"는 말은 무슨 의미일까? 도올 선생은 어려서부터 엄지발가락이 유난히 짧았다고 한다. 이러한 신체적 특징 때문에 그는 어릴 적에 고무신을 거꾸로 신어서 어른들에게 혼난 적이 많았다. 그때 그는 왜 자신이 혼나는지, 그 이유를 몰랐다. 어른들이 이유는 설명해주지 않고 혼만 냈기 때문이다. 그래서 초등학교 시절 내내 신발 때문에 혼나는 일이 그치지 않고 계속되었다. 이것이 바로 어릴 적 그가 신발 때문에 겪었던 '철학적' 경험이다.

무엇이 철학적일까? 어른들이 혼내면서 가르쳤던 "신발을 바로 신어야 한다"라는 명제에 대해 "왜 신발을 바로 신어야 하는가?" 하는 질문을 던지는 과정이 바로 철학적 경험이다. 사실 어린 그가 신발을 똑바로 신어야 하는지를 이해하지 못한 이유는 발과 신발 사이에 존재하는 구조적 관계를 몰랐기 때문이다(발과 신발 사이의 구조적 관계가 무엇인지 궁금한 사람은 《논술과 철학 강의 2》의 25~36쪽을 보라. 설명이 너무 길어서 여기서는 생략한다).

어린 도올은 세월이 지난 후 발과 신발 사이의 구조를 깨닫게 되었고 그다음부터는 신발을 신는 행위에서 질서를 찾았다고 한다. 드디어 신발을 제대로 신을 수 있게 된 것이다. 그전까지 어른들은 신발을 거꾸로 신은 어린 도올을 혼낼 줄만 알았지, 아무도 구조적 상관관계를 가르쳐주지 않았다. 그러고는 "왜 신발을 바로 신어야 하는가" 하는 도올의 엉뚱한 물음(사실은 지극히 철학적 물음이다)에 대해 "그걸 말이라고 하니? 너는 항상 그따위 쓸데없는 질문만 한단 말이야" 하고 윽박지른 것이다. 이처럼 '철학적 질문'을 '쓸데없는 질문'으로 이해하여 윽박지르는 태도는 어른들에게서 어렵지 않게 발견할 수 있다. 이는 물론 철학적 무지에서 비롯된 일이다.

사람에게는 왜 철학이 필요할까? 그 이유는 철학적 무지가 단순함이나 순진함을 넘어서 때로는 폭력으로 변질될 수도 있기 때문이다. 우리가 철학적으로 생각하지 못할 경우, 자신도 모르는 사이에 타인에게 폭력을 행사할 수 있다. 앞서 언급한 종교 갈등 사례에서처럼 자녀의 배우자 후보에게 "기독교 신자가 아니면 절대 안 돼"라고 주장하는 부모는 자신도 모르는 사이에 폭력을 행사하고 있는 것이다. 철학적으로 사유하는 부모라면 "기독교 신자면 더 좋겠다"면서 '보편'을 주장할 수는 있지만, "기독교 신자가 아니면 안 돼"라고 '절대'를 강요하지는 않을 것이다. 도올은 흔히 정치 현상에서 이러한 윽박지름, 다시 말해 폭력이 성행한다고 주장했다.

그렇다면 왜 폭력이 성행하는가? 그 이유는 철학적 소양과 관련이 있다. 철학적 소양이 없는 사람은 인간 고유의 이성적 능력을 무시한다. 그래서 철학적 인간의 질문에 대해서 그 가능성 자체를 봉쇄해버린다. 가령 아이가 "아기는 어디에서 나와?" 하고 물었더니 "쓸데없는 질문하지 말고 공부나 해"라고 답하는 부모는 철학적 소양이 부족함을 극단적으로 드러낸 경우다. 아이의 철학적 질문을 두고 의견을 주고받는 행위가 바로 '공부'다.

우리는 곳곳에서 철학적 무지를 경험한다. 철학적 무지는 주로 폭력이나 독선의 형태로 나타난다. 중요한 사실은 이러한 폭력과 독선에서 벗어나는 길이 자신의 철학적 자각에 의해서만 가능하다는 점이다. 철학적 자각이란 끊임없이 '왜'의 가능성을 열어놓고, 끊임없이 질문을 던지는 것이다.

철학적 자각은 어떤 대상이나 존재에 대한 끊임없는 질문의 형태로 표출된다. 따라서 철학적인 사람은 얼핏 당연해 보이는 사실에 대해서도 곧잘 엉뚱해 보이는 질문을 던진다. "왜 신발을 바로 신어야만 하는가?", "과연 신발을 신는 행위에서도 인간의 행동을 규제할 수 있는 절대적 당위성의 근거가 있는가?" 물론 철학적이지 못한 어른들이 보기에는 답하기 귀찮거나(사실은 답하기가 '어려워서' 그렇게 생각한다) 쓸데없는 질문으로 보이겠지만 말이다.

어린 도올의 상황으로 돌아가 보면, 도올은 엄지발가락이 짧은 신체적 특징 때문에 신발을 거꾸로 신어도 전혀 불편함이 없었단다. 그렇기에 신발을 자주 거꾸로 신었던 것이다. 과연 그런 그에게도 "신발을 바로 신어야 한다"는 명제를 들이대면서 절대적인 당위성을 주장할 수 있을까? 이에 대해서 도올은 주장한다. "철학은 보편을 주장하지만, 절대를 주장하지 않는다"고. 가령 누군가가 "고무신을 거꾸로 신어도 큰 불편은 없겠지만, 발과 동일한 구조의 신발을 신는 것이 편하고 더 안전하고 자연스러울 것이다"라고 주장했다면 그것은 보편적 주장이다. 타당해 보인다. 하지만 그러한 보편적 주장을 넘어 절대적으로 "신발은 그렇게 신어야 한다"고 강제할 수 없다는 것이 도올의 핵심 주장이다. 도올은 자신이 그렇게 주장하는 이유를 이렇게 밝혔다.

철학은 보다 보편적인 것을 지향하지만, 아주 절대적인 것을 주장하지는 않는다. 우리는 절대의 추구라는 것에서 해방되지 않으면 인간과 우주에 대한 진실의 상당 부분을 잃어버리게 되거나 영영 못 보게 되고 만다. — 김용옥, 《논술과 철학 강의 2》

우리가 보편이 아닌 '절대'를 추구하다 보면 진실의 상당 부분을 놓칠 가능성이 커진다. 예컨대 자녀의 배우자가 동일한 종교인이어야 한다는 기준만을 '절대적'으로 추구하다 보면 정말로 '좋은' 배우자를 고르는 데 실패할 가능성이 더 많아진다. 그렇지 않겠는가? 좋은 배우자를 고르는 기준에는 '종교가 무엇인지'보다 훨씬 중요한 것들이 많다. 절대적 기준만 고려하다 보면 배우자로서 적당한지를 드러내는 여러 가지 진실을 놓쳐버리기 쉽다. 우리 자신에게 물어보자. 나는 혹시 절대적인 것을 주장하지는 않는가? 만약 그렇다는 대답이 나왔다면 이제부터라도 철학적으로 바뀌어야 한다. 그래서 '절대의 추구'에서 해방되어야 한다.

sad chair #16

'철학적'이라는 것은 '인문적'이라는 것이고
'인문적'이라는 것은 '인간적'인 것이다.
철학하는 인간은 '왜'의 가능성을 열어놓고,
끊임없이 질문을 던진다.

The Art of Living 34.

책은
인간의
존재 방식이다

에마뉘엘 레비나스
Emmanuel Levinas, 1906~1995

마이바흐는 모 그룹 회장이 즐겨 타는 것으로 알려진 독일 벤츠의 최고급 모델 차다. 차를 좋아하는 사람이라면 누구나 한 번쯤은 타보고 싶어 하는 모델 중 하나다. 하지만 대부분 사람은 그 꿈을 이루지 못한다. 가격이 너무 비싸기 때문이다. 루이비통은 가격이 수백만 원을 호가하는 고가의 가방 브랜드다. 왜 가방 하나가 수백만 원을 호가하는지는 솔직히 이해되지 않지만, 여성이라면 누구나 하나쯤은 갖고 싶어 하는 가방 중 하나다. 누구나 가지기를 원하기에 마이바흐나 루이비통 가방을 우리는 '명품名品'이라고 부른다.

명품이란 글자 그대로 '이름난 물건'이란 뜻이다. 이름이 났기 때문에 사람들은 그 이름값을 높이 쳐서 비싼 가격임에도 구매를 감행한다. 그러고는 "사고 쳤다"고 말한다. 실제 가치가 아닌 '이름'에 큰돈을 퍼부었기 때문에 사고를 친 것이 맞다. 소비자에게는 안 된 이야기지만 이름만으로도 돈을 벌 수 있는 세상은 판매자로서는 환상의 세계다. 그래서 많은 기업이 자사의 상품이 어떻게 하면 이름을 떨칠 수 있을지를 고민한다. 우리가 명품이라고 부르는 물건들은 모두 이처럼 이름값을 하는 것들이다. 이름값도 못하는 물건을 명품이라고 부를 리 만무하다.

그렇다면 이름만 있다고 명품일까? 그렇지는 않다. 서울의 강남역과 양재역 사이에는 '뱅뱅 사거리'라고 불리는 곳이 있다. 그곳이 '뱅뱅 사거리'라고 불리는 이유는 과거 사거리 한쪽에 당시에는 꽤 규모가 컸던 '뱅뱅'이라는 브랜드의 의류 매장이 있었기 때문이다 (뱅뱅은 청바지로 유명한데, 지금도 그곳에서 영업 중이다). 하지만 요즘 그곳에 가보면, 왜 그곳이 뱅뱅 사거리라고 불리는지 의아할 수도 있다. 지금은 사거리 코너의 네 군데 건물 중에서 뱅뱅 매장이 제일 작은 건물이기 때문이다. 그런데도 왜 여전히 뱅뱅 사거리라고 불리는 걸까? 시간이 흐르면서 주변에 더 큰 건물들이 지어졌어도, 그전부터 널리 알려진 뱅뱅 사거리라는 이름을 넘어서지 못했기 때문이다. 그래서 지금도 그곳은 '뱅뱅 사거리'로 불리고 있다.

그렇다면 '뱅뱅'은 이름났기 때문에 명품일까? 그렇지 않다. 이 대목에서 우리는 어떤 물건이 '명품'이라고 불리기 위해서는 한 가지 조건이 더 필요함을 깨닫는다. 바로 명품이 되기 위해서는 많은 사람이 원해야 한다는 것이다. 뱅뱅 청바지는 확실히 이름난 물건이지만 많은 사람이 원하지는 않는다. 따라서 명품이 되려면 두 가지 조건을 모두 갖추어야 한다. 먼저 이름나야 하고, 그다음으로 많은 사람이 갖기를 원해야 한다. 그것이 명품의 조건이다. 이름도 있으면서 누구나 갖기를 원하는 마이바흐와 루이비통 가방은 명품의 조건을 잘 갖추고 있는 셈이다.

조금만 더 따져보자. 명품 중에서도 더 뛰어난 것은 없을까? 가령 마이바흐와 루이비통 가방 중에서는 어느 것이 더 뛰어난 명품일까? 겨우(?) 수백만 원이면 살 수 있는 루이비통 가방보다는 족히 수억은 주어야 구매할 수 있는 마이바흐가 더 명품 아닐까? 그렇다면 가격이 비싸면 모두 명품인가? 이렇게 물어보자. 7억짜리 마이바흐 자동차와 강남에 있는 10억짜리 아파트, 이 둘 중에서는 어느 것이 명품일까? 이 질문에 10억짜리 아파트라고 대답하기는 어려울 것이다. 그렇다. 이 대목에서 우리는 명품의 진짜 조건을 한 가지 더 발견할 수 있다. 바로 '많은 사람이 갖기를 원하지만, 누구나 쉽게 가질 수 없는 물건'이라야 진짜 명품이라는 것이다. 10억짜리 아파트를 쉽게 가질 수 있다는 이야기가 아니다. 예를 들어 한평생 돈을 모아 10억을 가지고 있는 사람이 있다고 하자. 거주 공간이자 부동산 자산인 아파트에 평생 모은 10억을 쓰는 사람은 일반인의 행동과 크게 어긋나지 않는다. 하지만 똑같이 한평생 모은 10억을 들고, 자동차에 7억을 쓴 뒤 남은 3억으로 집을 구매하는 사람의 행동은 그다지 이해되지 않는다. 그러니 마이바흐는 누구나 쉽게 가질 수 없는 물건이 맞다.

　루이비통 가방은 명품이라고 불리지만, 이런 의미에서 보자면 진짜 명품은 아니다. 요즘 길거리를 다니다 보면 루이비통 가방을 들고 다니는 여성을 어렵지 않게 발견할 수 있다. 사실 젊은 여성 중에는 루이비통 가방을 하나 이상 가지고 있는 사람이 뜻밖에 많다. 하다못해 짝퉁도 넘쳐난다. 그러다 보니 누군가가 루이비통 가방을 가지고 있다는 사실만으로는 사람들이 그(그녀)를 대단하게 생각하지 않는다. 그래서 루이비통 가방은 진짜 명품 대열에는 끼지 못한다.

마이바흐 자동차처럼 누구나 갖고 싶어 하지만 아무나 쉽게 가지지 못하는 것, 그것이 바로 진짜 명품이다.

명품이라는 표현이 물건에 붙이는 명칭이라면, 사람에게는 '명인名人'이라는 호칭이 있다. 그렇다면 '명인'이란 어떤 사람인가? 명품처럼 '누구나 그렇게 되고 싶지만, 아무나 쉽게 되지 못하는 사람'이 명인이다. 옛말에 이런 말이 있다. "호랑이는 죽어서 가죽을 남기고, 사람은 죽어서 이름을 남긴다." 사람은 자신의 분야에서 명인이 되고 싶어 한다. 명인이 되어야 죽어서도 이름을 남길 수 있기 때문이다. 그렇다면 어떻게 하면 명인이 될 수 있을까? 명인의 조건도 명품의 그것과 같다. '남들이 누구나 되고 싶어 하지만 쉽게 되지 못하는 것'을 이루면 명인이 될 수 있다. 어떻게? 책 속에 길이 있다.

프랑스 철학자 레비나스는 "책은 인간의 존재 방식이다"라고 했다. 어떤 책을 읽느냐에 따라서 자신의 존재가 결정된다는 뜻이다. 사람들은 명인이 되기 위해 책을 읽는다. 책을 읽으면 생각이 깊어지고, 능력이 높아지고, 품격이 생기기 때문이다. 사실 책은 자신을 명인으로 만드는 유일한 길이다. 책을 읽지 않고 명인이 된 경우는 없다(특별한 기술로 장인이 되는 경우는 제외했다. 하지만 특별한 기술로 장인이 되려는 사람도 책을 읽는다면 더 빨리 장인이 되기도 한다). 그렇다면 책만 읽으면 누구나 명인이 될 수 있을까? 반드시 그렇지도 않다. 명인으로 만들어주는 책이 있고, 그렇지 못한 책이 있기 때문이다. 서점에 가보면 후자의 책이 훨씬 많다.

어떤 책이 자신을 명인으로 만들어줄까? 바로 남들이 쉽게 보지 않는 책이다. 대부분 사람은 서점에 가면 제일 먼저 베스트셀러에 손을 뻗는다. 베스트셀러는 좋은 책일까? 혹자는 많은 사람에게서 검증을 받은 책이라서 좋은 책이라고 말한다. 하지만 단정적으로 말해 베스트셀러는 좋은 책이 아니다. 베스트셀러가 된 이유는 책의 내용이 쉽기 때문은 아닐까? 읽기 쉬워서 여러 사람이 보는 것이다. 그러니 베스트셀러를 읽는다고 해서 명인이 될 수는 없다. 명인이 되려면 어려운 책을 보아야 한다. 일반인들이 '보고 싶지만 쉽게 보지는 못하는' 어려운 책이어야 자신을 명인으로 만들어준다.

흔히 철학책은 어렵다고들 한다. 사실이다. 쉬운 철학책은 없다. 프랑스 철학자 질 들뢰즈에 따르면 철학자는 새로운 개념을 만들어내는 사람이다. 그들은 기존에 누구도 하지 않았던 생각을 하고 그 생각을 바탕으로 새로운 개념을 만들어내서 그것을 책에 기록한다. 그러니 철학책이 어려운 것은 어찌 보면 너무나 당연하다. 쉬운 책은 읽기 쉽다. 하지만 내력 증진에는 별 도움이 안 된다. 철학책은 어렵다. 하지만 힘겹고 치열하게 읽어내는 순간 자신의 사유는 한 단계 높아지고, 그전에는 보지 못했던 새로운 시각을 가지게 된다. 내력 증진은 덤이다. 자신에게 진지하게 물어보자. 나는 진정 명인이 되고 싶은가? 명품으로 살고 싶은가? 그렇다면 지금 당장 어려운 책에 도전해야 한다. 철학책이 나를 명인으로 인도해줄 것이다.

The Art of Living 35.

네 안에 너를
멸망시킬
태풍이 있는가?

프리드리히 니체
Friedrich Wilhelm Nietzsche, 1844~1900

어떤 남성이 여성에게 다음과 같이 '작업' 멘트를 날린다. "그대와 나의 만남은 운명인 것 같소. 하늘이 정해준 인연을 거스르지 말고 잘해봅시다." 다소 느끼한 감이 있지만, 어쨌든 서로의 만남이 운명이라며 프러포즈하는 남성은 작업에 성공할 수 있을까? 물론 결과는 프러포즈를 받아들이는 사람에 따라 다를 것이다.

현실로 돌아와서 우리도 저 남성의 작업용 멘트에 대해 한번 생각해보자. 개개인에게는 정해진 운명運命이 있을까? '운명'이 있다고 주장하는 사람의 말을 믿어도 될까?

대체로 현대인들은 과거 사람에 비하면 운명을 잘 믿지 않는다. 하지만 반드시 그렇지만도 않다. 새해가 되면 토정비결을 보거나 이성과 함께 사주 카페를 찾는 사람도 뜻밖에 많다. 또 평소에는 그런 것에 신경을 쓰지 않다가도 세상 일이 뜻대로 풀리지 않으면(가령 사업이 잘 안 되거나 연애가 잘 안 풀릴 때) 혹시나 하는 마음으로 점집을 찾는 사람도 많다. 이처럼 사람들에게는 토정비결이나 점쟁이를 통해 자신의 운명을 확인하고 싶어 하는 욕구가 조금씩 있다.

운명이란 무엇일까? '운명'이란 '모든 것을 지배하는 초인간적인 힘으로, 이미 정해져 있는 목숨이나 처지'를 말한다. 여기서 말하는 '초인간적인 힘'이란 예로부터 서양에서는 '신神'이었고 동양에서는 '하늘天'이었다(그래서 동양에서는 운명을 '천명天命'이라고 불렀다). 운명을 믿는 사람이라면 자신의 수명은 신이나 하늘에 의해서 이미 정해져 있다고 생각했다. 따라서 이를 피하거나 거스를 수 없으며, 단지 받아들이는 수밖에는 달리 방법이 없다. 개인의 삶도 마찬가지다. 운명을 믿는 사람은 자신의 처지가 하늘이 내린 것이어서 태어날 때부터 이미 정해져 있다고 생각한다. 따라서 운명을 '잘' 타고나는 것이 무엇보다도 중요하다.

사람이 운명을 믿는가, 그렇지 않은가는 물론 개인적인 성향의 차이도 있겠지만, 현재의 삶이 만족스러운가에 따라서 달라지기도 한다. 대체로 현재의 삶이 만족스럽거나 성공한 사람들은 운명을 잘 믿지 않는다. 그들은 성공한 원인을 운명 때문이라고 말하지 않고, 자신이 남들보다 더 많은 노력을 기울였기 때문이라고 말한다. 이와는 달리 현재의 삶이 만족스럽지 못한 사람은 대체로 실패의 원인을 운명 탓으로 돌리는 경향이 짙다. 주로 "부모를 잘못 만났다"거나 "원래 태어날 때부터 그렇게 되도록 정해져 있었다"고 주장한다. 그래서 "잘되면 제 탓, 못되면 조상 탓"이라는 속담이 생겼나 보다.

이제 자신에게 한번 물어보자. 나는 정해진 운명이 있다고 믿는가? 역시 대답은 개인마다 다를 것이다. 불교에서는 타고난 운명을 '업業'이라고 표현한다. '업'이란 '날 때부터 이미 신체에 깊이 새겨진 기억'이라는 뜻이다. 잘 알다시피 윤회설을 주장하는 불교에서는 전생의 소행이 차곡차곡 쌓여서 다음 생으로 이어진다고 보았다. 따라서 업이란 전생의 빚인 셈이다. 전생에 악업을 많이 저지른 사람은 빚이 많아서 소위 '팔자가 사납다.' 물론 전생의 일을 기억조차 하지 못하는 당사자로서는 자신의 운명이 원망스러울 수밖에 없겠지만.

한편 "신은 죽었다"는 유명한 말을 남긴 니체는 정해진 운명을 부정했다. 여태껏 운명을 정해주는 주체였던 신이 죽었다고 선언했으니 당연히 정해진 운명도 없다는 결론에 이른다. 그의 주장은 영원회귀永遠回歸 사상으로 대표되는 '운명애(運命愛, Amor fati)'라는 표현에서 잘 드러난다. '아모르 파티'는 '네 운명을 사랑하라'는 말로, 운명은 필연적으로 인간에게 닥치지만 이 필연성을 긍정하고 받아들이라는 의미다. 이 말을 단순히 해석하면 운명이 정해져 있다고 보는 결정론자로 니체를 오해하기 쉽지만 실상은 그와 정반대다.

영원회귀, 즉 자신의 생이 무한히 되풀이되더라도 그것을 자신의 의지가 스스로 선택한 것으로 받아들이라는 운명애는 "이것이 생生이었더냐, 자, 그렇다면 다시 한번!"이라고 외치면서 현재의 생을 강력하게 긍정하라고 주장한다. 이때 되풀이되는 생이란 '동일한 것의 반복'이 아니라 '차이의 반복'이다. 니체는 다음과 같이 외쳤다. "네 안에 너를 멸망시킬 태풍이 있는가?" 니체의 주장이 자칫 난해하게 들릴지 모르겠지만 정리하면 이렇다. "생이 무한히 반복되는 운명을 피할 수 없다. 따라서 운명을 긍정하라. 하지만 과거의 생과는 차이를 두면서 반복해야 한다. 어떻게? 네 안의 너를 멸망시켜라!" 뭐, 대충 이런 의미다. 한마디로 운명은 긍정하되, 동일한 반복은 피하라는 뜻이다.

불교에서도 반복되는 운명의 사슬을 끊어내는 방법이 있다. 전생의 빚인 업장業障을 소멸시키는 대표적인 방법은 수행을 통해 더는 악업을 쌓지 않고 선업善業을 쌓는 것이다. 그렇게 하면 다음 생에서는 현세와는 다른 운명으로 살아갈 수 있다. 하지만 이 방법은 후세에는 도움이 될지 모르겠으나 현세를 사는 사람에게는 별다른 쓸모가 없다. 그렇다면 현세에 실질적으로 도움이 되는 방법은 없을까? 있다. '발원發源'하면 된다. '발원한다'는 것은 '물줄기를 처음으로 만든다'는 뜻이다. 현재의 생에서 운명의 물줄기를 새롭게 만들어내는 것이 바로 '발원'이다. 결국 발원한다는 것은 자신에게 주어진 운명의 지도를 재배치하겠다는 실존적 결단을 의미한다. 현재의 생에서 새로운 물줄기를 만들어냄으로써 자신의 운명을 바꾼다는 것이다.

이제 처음의 질문으로 돌아가 보자. "나는 운명을 믿는가?" 믿고 안 믿고는 개인의 자유다. 만약 현재의 삶이 만족스럽다면 자신에게 정해진 운명이 있다고 믿는 것도 좋은 방법이다. 왜냐하면 현재의 삶에 만족하는 사람은 미래의 삶도 긍정할 것이기 때문이다. 좋은 게 좋은 거라고, 미래가 좋다고 생각되면 그렇게 믿는 편이 좋다. 하지만 현재의 삶이 만족스럽지 않은 사람이라면 어떻게 해야 할까? 당연히 운명을 거부하고 '발원'할 각오를 다져야 한다. 니체식으로 말하자면 "네 안에 너를 멸망시킬 태풍"을 만들어내야 한다.

내 안에 자신을 멸망시킬 태풍은 어떻게 만들어야 하는가? 과거의 나로부터 차이를 만들어내야 한다. 기존의 나로부터 떠나야 한다. 다시 말해 나의 세계관과 습속習俗의 배치를 바꿀 수 있다면 그것이 바로 태풍이다. 그 태풍이 내 안에 깊이 각인된 운명의 지도를 바꾸고 새로운 물줄기를 만들어낼 수 있게 도와준다. 한마디로 과거의 자신을 버리고 새로운 운명을 창조할 수 있게 한다.

스피노자는 이렇게 말했다. "모든 인간은 자신의 능력만큼 신을 만난다." 그의 말을 현대적으로 바꾼다면 이렇게 말할 수 있다. "모든 인간은 자신의 능력만큼 자신의 운명을 만든다." 그렇다. 니체가 "신은 죽었다"고 말한 이래로 인간은 자신의 운명을 스스로 만든다. 소설가 조지 오웰은 운명이 얼굴에 나타난다고 본 듯하다. 그는 "마흔이 되면 모든 사람은 자신에게 어울리는 얼굴을 가지게 된다"고 말했다. 결국 인간의 운명은 신이 아닌 자신의 몫이며, 현세의 삶은 다음 생으로 이어지는 것이 아니라 자신의 얼굴에 나타나는 게 아닐까? 아모르 파티, 운명을 사랑하고 새롭게 창조하자!

The Art of Living 36.

다른 사람들의 머리는
진정한 행복이
자리를 잡기에는
너무 초라한 곳이다

아르투르 쇼펜하우어
Arthur Schopenhauer, 1788~1860

해마다 연말이 되면 어김없이 인사事 시즌이 돌아온다. 연말 인사 시즌에는 한 해 동안의 농사를 되돌아보고, 얼마만큼의 수확이 있었는지를 점검한다. 하지만 그 결과는 단순히 살펴보는 데 그치지 않고 공과를 엄격히 따져서 상벌을 묻는 자료로 활용된다. 그래서 연말은 언제나 희비가 교차하는 시기다. 희비는 가정이나 직장을 구분하지 않는다. 가정에서는 "옆집 철수 아빠는 성과급으로 연봉의 몇 퍼센트를 받았네, 앞집 영희 아빠는 이번에 임원으로 승진했네" 등의 승전보가 어김없이 들려온다. 누군가의 승전보가 어떤 사람에게는 비보悲報다. 이웃의 승전보는 한 해를 무탈하게, 하지만 큰 성과 없이 지낸 사람들에게 왠지 모를 죄책감을 가져다준다. "난 그동안 뭐했나?" 하고.

　희비가 엇갈리는 현상은 직장에서도 비슷하게 일어난다. 한 해 성과나 실적에 따라서 금전적인 면뿐만 아니라 자리까지 달라진다. 성과를 인정받은 사람에게는 승진이나 임금 인상 등 화려한 스포트라이트를 비추지만, 그런 대접을 받는 사람은 언제나 소수에 불과하다. 대다수 사람은 소수인 주인공의 들러리로 서서 박수나 쳐주고 약간의 떡고물만 얻어먹을 따름이다.

이쯤이라도 되면 그나마 다행이다. 화려한 불빛의 바깥에는 아무도 주목하지 않는 어둠도 있는 법. '창사 이래 최대 규모의 임원 승진'이라는 거창한 구호 이면에는 '창사 이래 최대 규모의 임원 재임용 포기'라는 불편한 진실이 동시에 존재한다. '재임용 포기'라는 말은 한마디로 "나가라"는 소리다. 직장은 이렇듯 야박한 곳이다. 한때 화려한 스포트라이트를 받고 임원이 된 사람조차 그를 비추던 조명이 꺼지면 공식적인 퇴임의 변(辯)조차 하지 못한 채 쓸쓸히 무대를 내려가야 하기 때문이다. 그들은 얼마 지나지 않아 사람들의 뇌리에서조차 잊히고 만다.

직장인에게 인사 시즌이란 소수의 행복과 다수의 불행이 교차하는 순간이다. 남들의 부러움을 받으며 임원으로 승진한 주인공, 그 소수를 부러워하며 자신의 처지를 비관하는 대다수 사람, 그리고 더는 무대에 설 수 없어 잊혀가는 사람들. 행복해하는 사람보다는 그렇지 못한, 정확히는 불행하다고 느끼는 사람이 더 많은 시기가 바로 인사 시즌이다. 그래서 인사는 항상 겨울철에 하는지도 모르겠다. 인사 시즌은 언제나 춥고, 특별히 예수님의 축복이 더 많이 필요한 시기다. 이런 의미에서 보자면 직장에서 소수가 맛보는 행복감은 대다수 사람의 불행 위에 세워진 승전비이거나, 수많은 적군을 살상한 이에게 주어지는 무공훈장 같은 것인지도 모르겠다. 타인의 불행 위에 홀로 세워진 위태롭고 쓸쓸한 행복.

전쟁에서 혁혁한 공을 세운 사람에게 무공훈장을 내리듯이 직장에서 큰 성과를 낸 사람에게는 '임원'이라는 훈장을 내린다. 누구나 잘 아는 것처럼 직장에서 임원이 되기란 결코 쉬운 일이 아니다. 그래서 임원이 되는 것을 하늘에 떠 있는 별을 따는 것에 비유하기도 한다. 그러나 힘든 만큼 임원이 된다는 것 자체가 성공의 징표이다. 해마다 인사 시즌이 되면 사람들은 임원 인사 결과에 촉각을 곤두세운다. 특히 승진 대상이 되는 사람은 '혹시 이번에는 내가 되지 않을까' 기대하며 초조하게 기다린다. 임원 인사 결과가 궁금한 사람들은 당사자들뿐만이 아니다. 누가 '뜨는 별'인지, 또 누가 '지는 별'인지가 드러나기 때문이다. 그 결과 '뜨는 별'로 지목된 사람에게는 주변 사람들의 축하가 쇄도한다. 하지만 '지는 별'로 판명된 사람에게는 어색한 침묵만이 흐른다.

그렇다면 '뜨는 별', 다시 말해 새로 임원이 된 사람에게 축하 인사를 건네는 사람들의 기분은 어떨까? 축하를 건네는 사람은 모두 그를 진심으로 축하해주는 것일까? 반드시 그렇지만은 않다. 축하보다는 오히려 질투를 느끼는 사람도 있다. 왜 질투를 느낄까? 알랭 드 보통의 《불안》에 나오는 경구가 떠오른다. "가장 견디기 어려운 성공은 가까운 친구들의 성공이다." 경험상 타당한 말이다. "사촌이 땅을 사면 배가 아프다"는 속담이 있듯이 우리는 누군가의 성공을 항상 축복해주지는 않는다. 오히려 배 아파하기도 한다. 진짜로 그렇다. 그렇다면 우리는 언제 가장 배 아파하는가? 그것은 바로 자신과 먼 사람이 아니라 '사촌', 다시 말해 가까운 사람이 성공했을 때다. 만약 모르는 사람이 성공했다면 특별히 배 아파할 이유가 없다. 보통의 표현을 빌리자면 "우리는 우리 자신이 같다고 느끼는 사람들만 질투한다."

타인의 성공을 담담하게 축하해주는 일은 결코 쉬운 일이 아니다. 특히 자신과 비슷하다고 생각한 사람의 성공일수록 더 그렇다. 차라리 잘 모르는 사람의 성공에는 쿨할 수 있지만, 나와 비슷한 사람의 성공에는 축하보다 질투의 감정이 앞선다. 가령 직장에서 모 부장이 임원으로 승진했다고 해서 사원이나 대리가 배 아파하거나 질투하는 경우는 거의 없다. 그들은 그 임원과 비슷한 위치가 아니기 때문이다. 질투는 승진하지 못한 부장들의 몫이다. 질투는 비슷한 처지나 위치에 있는 사람 사이에서만 발생하는 특별한 감정이다. 그래서 임원 승진 발표 이후, 회사 주변의 술자리는 축하주를 빙자한 위로주가 되기 십상이다(술집 주인으로서는 이러나저러나 좋은 일이겠지만).

그렇다면 사람들은 왜 타인의 성공을 축하하기보다는 자신의 불행과 연결 지을까? 원래 인간의 본성은 그런 것일까? 그렇지 않다. 아이들은 친구의 성공을 자신의 불행으로 연결하지 않는다. 왜 그럴까? 친구와 자신을 비교하지 않기 때문이다. 유치원이나 초등학교 저학년 아이들은 학교 성적이 나쁘더라도 친구의 좋은 성적을 보고 결코 비관하거나 비탄에 빠지지 않는다(오히려 부모가 비탄에 빠진다). 성적이 나쁜 아이는 전혀 불행하다고 느끼지 않는데 아이의 친구와 비교하는 부모는 불행해한다. 아이러니하게도 부모는 성적이 나쁨에도 해맑게 웃는 아이를 보고 아이가 불행을 느끼지 않는다고 속상해한다.

아이의 경우만 보더라도 인간에게는 현실을 행복하게 해석하는 놀라운 능력이 원래부터 존재했다. 하지만 불행히도 성장하는 과정에서 그러한 능력이 대부분 사라지고 만다. 타인과 자신을 비교하면서부터 나타나기 시작하는 현상이다. 어른들은 대부분 현실을 불행하게 해석한다. 모든 것을 누군가와 비교하기 때문이다. 더 큰 문제는 비교 대상이 되는 누군가가 상황에 따라서 매번 달라진다는 점이다. 그것도 해당 분야에서 제일 잘나가는 '챔피언'과만 비교한다. 경제적인 면은 돈 잘 버는 영수 아빠와, 직책은 동기 중에서 가장 승진이 빠른 친구와, 자녀 교육은 가정적인 영희 아빠와 비교한다. 그러니 평균적인 사람들은 항상 비교 열위일 수밖에 없다. 만능 슈퍼맨이 되지 않고서는 좀처럼 불행을 피하기가 어렵다.

누군가와 비교한다는 것은 삶의 기준에 타인의 시선이 자리한다는 의미다. 즉 우리는 어른이 되면서 타인의 시선에 따라 행복과 불행을 결정한다. 웬만큼 하더라도 비교 대상(주변 사람, 특히 잘나가는 옆집 아저씨)을 넘어서지 못하면 그 순간 낙제 수준으로 전락하고 만다. 그렇다면 어떻게 해야 할까? 간단하다. 타인과 비교하지 않으면 된다. "아니! 그런 무책임한 답변이 어디 있어? 자연히 비교되는데 어떻게 비교하지 말란 말이지?" 하고 반문할지도 모르겠다. 맞다. 비교하지 말라고 해서 비교하지 않기는 어렵다. 그렇기에 철학이 필요한 것이다.

에픽테토스는 "나를 부유하게 하는 것은 사회에서 내가 차지하는 자리가 아니라 나의 판단이다"라고 말했다. 쇼펜하우어도 "다른 사람들의 머리는 진정한 행복이 자리를 잡기에는 너무 초라한 곳이다"라고 주장했다. 철학자들은 다들 남들이 보는 눈으로 자신을 보지 말라고 가르친다. 타인의 머리에는 나의 행복이 자리 잡을 만한 공간이 없기 때문이다. 또 이렇게 말한다. "행복해지고 싶다면 타인과 비교하지 말고 자신에게서 행복을 발견하라."

타인과 비교하는 한 행복이라는 파랑새는 날아오지 않는 법이다. 밖으로 나가는 문의 손잡이가 언제나 안에 있듯이 행복으로 향하는 문의 손잡이도 언제나 자신 안에 있다.

참고문헌

- 고미숙, 《사랑과 연애의 달인, 호모 에로스》, 그린비, 2008.
- 김달진, 《산거일기》, 문학동네, 1998.
- 김용규, 《백만장자의 마지막 질문》, 휴머니스트, 2013.
- 김용규, 《철학카페에서 문학읽기》, 웅진지식하우스, 2006.
- 김용규, 《철학카페에서 시 읽기》, 웅진지식하우스, 2011.
- 김용옥, 《논술과 철학 강의2》, 통나무, 2006.
- 김찬호, 《돈의 인문학》, 문학과지성사, 2011.
- 니콜라이 하르트만, 하기락 옮김, 《윤리학 Ethics》, 형설출판사, 1988.
- 도종환, 《사람의 마을에 꽃이 진다》, 문학동네, 2011.
- 루키우스 안나이우스 세네카, 김천운 옮김, 《세네카 인생론 De Providentia》, 동서문화사, 2007.
- 마르틴 부버, 표재명 옮김, 《나와 너 Ich und Du》, 문예출판사, 2001.
- 마르틴 하이데거, 전양범 옮김, 《존재와 시간 Sein und Zeit》, 동서문화사, 2008.
- 마크 A. 래톨, 권순홍 옮김, 《How To Read 하이데거 How To Read Heidegger》, 웅진지식하우스, 2008.
- 막스 호르크하이머, 박구용 옮김, 《도구적 이성 비판 Zur Kritik der Instrumentellen Vernunft》, 문예출판사, 2006.
- 모리스 블랑쇼, 박준상 옮김, 《기다림 망각 L'attente l'oubli》, 그린비, 2009.
- 미셸 푸코, 이규현 옮김, 《말과 사물 Les mots et les choses》, 민음사, 2002.

- 미셸 푸코, 이희원 옮김, 《자기의 테크놀로지Technologies of the Self: A Seminar with Michel Foucault》, 동문선, 2002.
- 바뤼흐 스피노자, 강영계 옮김, 《에티카Ethica》, 서광사, 2012.
- 박민영, 《인문 내공》, 웅진지식하우스, 2012.
- 법구, 김달진 옮김, 《법구경》, 현암사, 1999.
- 법정 옮김, 《숫타니파타》, 이레, 1999.
- 법정, 류시화 엮음, 《살아 있는 것은 다 행복하라》, 조화로운삶, 2006.
- 법정, 《버리고 떠나기》, 샘터사, 2001.
- 사뮈엘 베케트, 오증자 옮김, 《고도를 기다리며En attendant Godot》, 민음사, 2000.
- 서정윤, 《홀로서기》, 문학수첩, 2012.
- 쇠렌 오뷔에 키르케고르, 강성위 옮김, 《불안의 개념, 죽음에 이르는 병》, 동서문화사, 2007.
- 스탕달, 권오석 옮김, 《연애론De L'Amour》, 홍신문화사, 1997.
- 아르투르 쇼펜하우어, 권기철 옮김, 《세상을 보는 방법》, 동서문화사, 2005.
- 알랭 드 보통, 정명진 옮김, 《철학의 위안The Consolations of Philosophy》, 청미래, 2012.
- 알랭 드 보통, 정영목 옮김, 《불안Status Anxiety》, 은행나무, 2011.
- 알랭 드 보통, 정영목 옮김, 《왜 나는 너를 사랑하는가Essays in Love》, 청미래, 2007.
- 알랭 바디우, 조재룡 옮김, 《사랑 예찬Eloge de l'amour》, 길, 2010.
- 알랭, 이화승 옮김, 《알랭의 행복론Propos sur le Bonheur》, 빅북, 2010.
- 알베르 카뮈, 김화영 옮김, 《반항하는 인간L'Homme revolte》, 책세상, 2003.
- 알베르 카뮈, 김화영 옮김, 《이방인L'etranger》, 책세상, 2003.
- 앙리 베르그송, 박종원 역, 《물질과 기억Matiere et memoire》, 아카넷, 2005.
- 에리히 프롬, 차경아 옮김, 《소유냐 존재냐To Have or to Be?》, 까치글방,

1996.
- 에리히 프롬, 황문수 옮김, 《사랑의 기술The Art of Loving》, 문예출판사, 2000.
- 에피쿠로스, 오유석 옮김, 《쾌락》, 문학과지성사, 1998.
- 에픽테토스, 김재홍 옮김, 《엥케이리디온: 도덕에 관한 작은 책Encheiridion》, 까치글방, 2002.
- 울리히 벡, 《위험사회Risikogesellschaft》, 새물결, 1997.
- 이진경, 《철학과 굴뚝 청소부》, 그린비, 2005.
- 임마누엘 칸트, 백종현 옮김, 《순수이성비판Kritik der reinen Vernunft》, 아카넷, 2006.
- 임마누엘 칸트, 백종현 옮김, 《실천이성비판Kritik der praktischen Vernunft》, 아카넷, 2009.
- 장 폴 사르트르, 변광배 옮김, 《존재와 무, 자유를 향한 실존적 탐색》, 살림, 2005.
- 장 폴 사르트르, 정소성 옮김, 《존재와 무L'être et le néant》, 동서문화사, 2009.
- 장석주, 《일상의 인문학》, 민음사, 2012.
- 정명환, 《현대의 위기와 인간》, 민음사, 2006.
- 정일근, 《착하게 낡은 것의 영혼》, 시학, 2006.
- 카를 마르크스, 강유원 옮김, 《경제학—철학 수고Ökonomisch philosophische Manuskripte aus dem Jahre》, 이론과실천 2006.
- 카를 마르크스, 최형익 옮김, 《루이 보나파르트의 브뤼메르 18일 Achtzehnte Brumaire des Louis Bonaparte》, 비르투, 2012.
- 프랜시스 윈, 정영목 옮김, 《마르크스 평전Karl Marx》, 푸른숲, 2001.
- 프리드리히 니체, 김미기 옮김, 《인간적인 너무나 인간적인 1》(니체전집 07), 책세상, 2001.
- 프리드리히 니체, 백승영 옮김, 《바그너의 경우, 우상의 황혼, 안티크리스트, 이 사람을 보라, 디오니소스 송가, 니체 대 바그너》(니체전집 15), 책세

상, 2002.
- 프리드리히 니체, 안성찬·홍사현 옮김, 《즐거운 학문, 메시나에서의 전원시, 유고(1881년 봄~1882년 여름)》(니체전집 12), 책세상, 2005.
- 프리드리히 니체, 정동호 옮김, 《차라투스트라는 이렇게 말했다》(니체전집 13), 책세상, 2000.
- 헤르만 헤세, 전영애 옮김, 《데미안Demian: Die Geschichte von Emil Sinclairs Jugend》, 민음사, 2000.
- 호세 오르테가 이 가세트, 전기순 옮김, 《사랑에 관한 연구Estudios Sobre El Amor》, 풀빛, 2008.
- 황수영, 《물질과 기억, 시간의 지층을 탐험하는 이미지와 기억의 미학》, 그린비, 2006.

바쁠수록 생각하라

ⓒ이호건 2014

1판 1쇄 2014년 4월 25일
1판 2쇄 2014년 6월 10일

지은이 이호건
펴낸이 강병선
편집인 김성수

기획·책임편집 김성수 디자인 백주영 교정 네오북(김연정)
마케팅 방미연 이지현 함유지 온라인 마케팅 김희숙 김상만 한수진 이천희
제작 강신은 김동욱 임현식

펴낸곳 (주)문학동네
출판등록 1993년 10월 22일 제406-2003-000045호
임프린트 아템포

주소 413-120 경기도 파주시 회동길 210
문의전화 031-955-1930(편집) 031-955-2655(마케팅) 팩스 031-955-8855
전자우편 kss7507@munhak.com

ISBN 978-89-546-2449-7 13320

■ 아템포는 문학동네 출판그룹의 임프린트입니다. 이 책의 판권은 지은이와 아템포에 있습니다.
■ 이 책 내용의 전부 또는 일부를 재사용하려면 반드시 양측의 서면동의를 받아야 합니다.
■ 이 도서의 국립중앙도서관 출판시도서목록(CIP)은 서지정보유통지원시스템 홈페이지(http://seoji.nl.go.kr)와 국가자료공동목록시스템(http://www.nl.go.kr/kolisnet)에서 이용하실 수 있습니다.(CIP제어번호: CIP2014010240)

www.munhak.com